国家农业科技园区创新能力评价报告 2019

中国农村技术开发中心 著

·北京·

图书在版编目（CIP）数据

国家农业科技园区创新能力评价报告. 2019 / 中国农村技术开发中心著. —北京：科学技术文献出版社，2022.1
　ISBN 978-7-5189-8930-0

Ⅰ.①国… Ⅱ.①中… Ⅲ.①农业技术—高技术园区—技术发展—研究报告—中国—2019 Ⅳ.① F324.3

中国版本图书馆 CIP 数据核字（2022）第 016066 号

国家农业科技园区创新能力评价报告2019

策划编辑：李　蕊　郝迎聪　责任编辑：李　晴　责任校对：张　微　责任出版：张志平

出　版　者	科学技术文献出版社
地　　　址	北京市复兴路15号　邮编　100038
编　务　部	（010）58882938，58882087（传真）
发　行　部	（010）58882868，58882870（传真）
邮　购　部	（010）58882873
官 方 网 址	www.stdp.com.cn
发　行　者	科学技术文献出版社发行　全国各地新华书店经销
印　刷　者	北京时尚印佳彩色印刷有限公司
版　　　次	2022年1月第1版　2022年1月第1次印刷
开　　　本	889×1194　1/16
字　　　数	124千
印　　　张	8.25
书　　　号	ISBN 978-7-5189-8930-0
审　图　号	GS（2022）1415号
定　　　价	58.00元

版权所有　违法必究

购买本社图书，凡字迹不清、缺页、倒页、脱页者，本社发行部负责调换

国家农业科技园区创新能力评价
课题组

组　　　长：邓小明

副　组　长：陈　成　李宇飞

主要研究人员：李宇飞　朱华平　张　亮
　　　　　　　李　萌　霍　明　李俊清
　　　　　　　宋晓丽　宋长青

前 言

2015年，中共中央办公厅、国务院办公厅印发了《深化科技体制改革实施方案》（中办发〔2015〕46号），强调全面推进国家创新调查制度建设，发布国家、区域、高新区、企业等创新能力监测评价报告。2017年，科技部、国家统计局出台了《国家创新调查制度实施办法》（国科发创〔2017〕96号），对创新调查制度实施进行了全面而详细的部署，并明确指出通过构建指标体系，对国家、区域、企业、研究机构、高等学校、创新密集区等创新能力进行综合分析、比较与判断。国家农业科技园区作为国家重要的创新密集区、农业科技创新的前沿阵地，对其创新活动进行评价是国家创新调查制度的重要组成部分。

根据党中央、国务院的部署，科技部会同农业部、水利部、国家林业局、中国科学院和中国农业银行，于2000年启动国家农业科技园区建设工作。经过10多年的建设，国家农业科技园区已经发展成为我国农业科技成果集成转化的前沿阵地、农业科技型企业孵化培育的成长摇篮、一二三产业融合发展的对接平台、农业农村科技创新创业的培育基地、促进农民增收就业的重要渠道、推进农业供给侧结构性改革的强力引擎；形成了一批产业特色鲜明、发展模式多样的优质现代农业科技园区，为加速我国由传统农业向现代农业转变开辟了一条新途径。

《国家农业科技园区创新能力评价报告2019》是国家农业科技园区创新能力系列报告的延续，是以国家农业科技园区创新能力评价指标体系为尺度形成的对国家农业科技园区创新能力指数及发展情况的综合评价。通过在国家层面的定性和定量分析评价，反映和呈现农业科技园区在创新活动过程中的成效和不足，为国家政策的调整和实施、园区发展的顶层设计和宏观决策提供客观依据和数据支撑。通过对园区间的多角度对比和分析，有助于展示各地区国家农业科技园区的创新水平，明晰建设发展过程的关键因素和不足之处，助力国家农业科技园区的健康和协调发展。

2018年，科技部、农业部等六部门印发了《国家农业科技园区发展规划（2018—2025年）》，要求"落实国家创新调查制度，加强园区创新能力监测评价研究，更加注重经济发展质量和效益，突出对园区科技创新、产业发展、企业培育、辐射带动、脱贫攻坚等方面的考核和评价"。科技部中国农村技术开发中心依据文件要求，立足园区的创新发展实际，研究并优化了国家农业科技园区创新能力评价指标体系。

《国家农业科技园区创新能力评价报告2019》采用优化后的国家农业科技园区创新能力评价指标体系。该体系通过全面研究农业科技园区创新能力的构成要素，综合分析创新能力的支撑、投入和产出指标，构建了创新资源投入、创新驱动支撑、创新成果产出、创新示范推广和创新综合绩效5个一级指标和30个二级指标的创新能力评价体系。各指标具有相对独立性，兼顾国家农业科技园区发展的内部和外部因素。

《国家农业科技园区创新能力评价报告2019》评价样本数据以2018年全年创新能力监测数据为基础，并进一步创新和完善评价方法，在创新能力分析时侧重国家农业科技园区在建设发展过程中的创新能力动态变化情况。园区创新能力评价采用自然对数标准化的方法对原始数据进行了科学处理，消除了异方差对于评价结果的影响；利用泰尔系数对创新能力指数的总体差异进行了分析，判断出园区间创新能力的差异主要来源是区域内差异还是区域间差异；使用数据包络分析方法，对园区创新技术效率进行了评价，发现高效使用创新资源的园区和创新效率不足的园区。

在园区的评价样本方面，2018年参与评价的园区样本减少到153个，其中山东东营国家农业科技园区、甘肃银川国家农业科技园区两个园区因各种原因未上报本年度数据，因此未纳入评价范围。

为了科学、持续地做好国家农业科技园区创新能力评价工作，科技部中国农村技术开发中心联合山东农业大学大数据研究中心专门组建了国家农业科技园区创新能力评价课题组。由于国家农业科技园区基础条件差异较大，有的园区管委会不完全是独立运行机构，各园区工作人员对指标具体含义的认识或多或少也会存在一定的偏差，种种原因造成采集数据噪声较大。虽然我们采取了系列措施，力争在数据噪音处理、评价模型计算等方面做得更好，但水平有限，难免出现错误和不足。希望在以后的工作中，大家能够提出建议，帮助我们不断改进。希冀本报告的研究评价结论能够对园区的创新发展和现代化建设有所帮助。

国家农业科技园区创新能力评价

课题组

摘　要	1
第一章　国家农业科技园区创新能力总体评价	**5**
一、国家农业科技园区创新能力总体发展情况	7
二、国家农业科技园区创新能力指数总体分析	12
三、国家农业科技园区创新能力区域差异分析	16
四、国家农业科技园区总体创新效率分析	22
五、小结	24
第二章　国家农业科技园区创新能力分项评价	
——创新资源投入评价	27
一、园区总体创新投入状况	28
二、园区的支撑建设投入状况	32
三、园区的建设规模状况	36
四、园区创新核心要素投入状况	40
五、小结	44

第三章　国家农业科技园区创新能力分项评价
　　——创新驱动支撑评价　　　　　　　　　　　　*47*
　　一、园区创新创业孵化服务状况　　　　　　　　*48*
　　二、园区自主与合作创新状况　　　　　　　　　*50*
　　三、园区创新的科技与金融服务状况　　　　　　*56*
　　四、小结　　　　　　　　　　　　　　　　　　*61*

第四章　国家农业科技园区创新能力分项评价
　　——创新成果产出评价　　　　　　　　　　　　*63*
　　一、园区自主创新能力状况　　　　　　　　　　*64*
　　二、园区品种和品牌认定状况　　　　　　　　　*66*
　　三、园区的企业培育和升级情况　　　　　　　　*71*
　　四、小结　　　　　　　　　　　　　　　　　　*74*

第五章　国家农业科技园区创新能力分项评价
　　——创新示范推广评价　　　　　　　　　　　　*77*
　　一、园区新品种的引进推广状况　　　　　　　　*78*
　　二、园区的示范与培训情况　　　　　　　　　　*84*
　　三、小结　　　　　　　　　　　　　　　　　　*88*

第六章　国家农业科技园区创新能力分项评价
　　——创新综合绩效评价　　　　　　　　　　　　*89*
　　一、园区总体经济效益状况　　　　　　　　　　*90*

二、园区产业发展及融合状况　　　　　　　　　*94*

三、园区产业结构状况分析　　　　　　　　　　*98*

四、园区农民增收效应分析　　　　　　　　　　*102*

五、小结　　　　　　　　　　　　　　　　　　*105*

附　录　　　　　　　　　　　　　　　　　　*107*

一、国家农业科技园区创新能力评价指标体系　　*108*

二、国家农业科技园区创新能力评价数据来源　　*110*

三、国家农业科技园区创新能力评价参评园区名单　*110*

四、国家农业科技园区创新能力评价测算过程　　*115*

摘 要

国家农业科技园区建设工作是党中央、国务院提出的一项重要任务。其创新能力评价既是国家创新调查制度的重要组成部分，也是推动国家农业科技园区创新活动健康持续发展的重要手段。本报告构建了包含园区创新资源投入、创新驱动支撑、创新成果产出、创新示范推广和创新综合绩效5个一级指标和30个二级指标的创新能力评价指标体系，依据2018年153个国家农业科技园区的样本数据，采用赋权加总、差异分析、效率测算及纵向对比等多种研究方法相结合的方式，对国家农业科技园区的总体创新能力发展及各分项创新能力指标的状况进行了评价与测量，从而得出以下主要结论：总体研究方面，本报告在对2018年国家农业科技园区创新能力指数进行测算的基础上，通过定性和定量结合的方式进行了深度分析，研究表明：①园区之间创新能力的区域间差异有所增大，武汉、济宁和玉溪位居三甲，玉溪园区近年来的发展较为迅速。②各园区创新综合绩效是5项指数中最高的，已经成为园区创新能力的第一组成要素，其对园区发展的引导作用显著。③2018年各园区创新成果产出和创新驱动支撑指数较低，说明亟须通过创新创业环境的优化提升创新资源的成果产出。④各园区继续注重创新资源投入的同时，园区的创新辐射带动作用得以继续加强。⑤各园区创新能力指数在结构上有所差异，创新综合绩效对创新能力提升的贡献度最大。⑥四类园区创新发展的驱动力有所不同，创新引领区的创新环境建设良好，且实现了创新均衡发展。⑦中部园区的创新能力领先全国，各地区创新资源投入和创新综合绩效无显著差异，但创新成果产出和创新驱动支撑差异较大，已初步形成"重投入，高产出"的创新总体发展格局。⑧创新资源投入方面，创新资源投入的区域差距明显缩小，西部园区的资源投入相对落后。创新驱动支撑方面，中部园区的创新驱动与支撑能力超越东部，园区创新创业环境持续改善。创新成果产出方面，创新投入的加大和创新环境的优化有效促进了中部园区的创新成果产出。创新示范推广方面，中部与西部园区更加注重创新成果的引进、示范与推广，辐射带动作用显著增强。创新综合绩效方面，中部园区的综合创新能力具有相对优势，创新综合绩效引领全国。⑨一类园区和二类园区的区域分布存在一定程度的失衡，东部和中部园区在一类和二类园区的数量上优势明显，西部需注重优质园区的打造。⑩中部园区的平均创新技术效率最高，东部具有创新技术效率的园区数量最多，各区域具备技术效率的园区比例总体差异不大，均在1/3左右。

分项评价一——创新资源投入是创新能力形成和创新成果产出的基础，同时对于资源的使用和配置水平，又是园区创新能力的重要体现。本章结合园区内企业R&D经费投入强度、园区内企业R&D人员投入、园区当年地方政府投入、园区当年建设总投入、园区内核心区已建成面积、园区内入驻企业数量、园区当年信息化投入总额和园区内大型仪器设备原值总额等方面的指标对153个园区的创新资源投入状况进行了分析，并得出以下结论：①园区内企业R&D经费投入强度增强，东部园区投入强度最高，西部园区投入强度增幅最大。②园区内企业研发人员投入数量总体增加，东部园区研发人员最多，西部园区增长明显。③园区当年地方政府投入总体有所减少，中部园区高于全国平均。④园区当年建设总投入增加，东北园区总投入最多，且增幅最大，东部和中部园区高于全国园区平均水平。⑤园区内核心区已建成面积有所增加，东北园区的规模优势较为明显，中部园区的核心区建设进程较快。⑥园区的产业吸引力进一步增强，入驻企业数量稳步提升，东部园区的企业密度最高。⑦全国各园区信息化投入总额总体增加，中部园区投入最多，西部园区次之且增幅最大，东北和东部园区投入相当。⑧园区内大型仪器设备原值总额总体有所增加，东部园区增幅最大，中部次之，东北园区和西部园区略有增长。

分项评价二——创新驱动支撑是园区创新环境中的关键因素，这些因素影响着园区的创新过程和创新效率，是园区能够持续创新的重要保证。本章结合创新创业孵化服务状况、自主与合作创新状况、科技与金融服务状况等方面的指标对153个园区的创新驱动支撑进行了核算，并得出如下结论：①各园区备案科技企业孵化器数全国平均呈现下降趋势，其中，中部、西部、东北部区域均呈现不同程度下降，东部区域呈现上升趋势。②园区内省部级以上研发机构数量全国平均呈下降趋势。其中，中部、西部、东北部区域均呈现不同程度增长，东部区域呈现下降趋势。③园区内各区域创新创业服务机构数量全国平均呈现上升趋势。其中，东部、中部、西部区域均有不同程度的增长，东北部区域有较大幅下降。④园区开展产学研合作项目数量全国平均呈现下降趋势。其中，东部、中部、东北部区域均呈现不同程度下降，西部区域呈现上升趋势，且西部和东北园区的合作创新活跃度仍有待提升。⑤园区引进个人科技特派员数量全国平均呈现上升趋势。其中，西部、中部区域均呈现不同程度上升，东部、东北部区域呈现下降趋势。⑥金融机构贷款总额全国平均呈现上升趋势，西部和东北园区有所下降，中部和东部园区有所上升，东部园区上升幅度较大。

分项评价三——创新成果产出是国家农业科技园区创新能力的科技原动力与外在表现，是园区创新能力的重要体现。本章结合园区的专利申请状况、园区通过审定的新品种状况、园区通过审定的"三品一标"状况、园区在孵企业状况和高新企业状况5个方面的指标对153个园区的创新水平指数进行了核算，并得出如下结论：①园区的平均授权发明专利由"重量"向"重质"转变，中部园区的平均授权发明专利数最多，园区之间授权发明专利数的差异较大，有大学和科研机构支撑的园区在创新水平方面的表现明显出色。②园区当年通过审定的新品种的数量有所下降，东北园区通过审定的新品种数显著减少。园区"三品一标"数量逐年稳步增长，其中中部园区增长最为明显，标志着农业发展是进入新阶段的战略选择，是传统农业向现代农业转变的重要标志，展现了人们对安全农业、安全食品不断提升的要求。③园区内在孵企业和高新企业总数量继续显著增加，东部地区的在孵企业数量增长幅度领先其他地区，东北园区园区高新技术企业数量增幅最大。

分项评价四——创新示范推广在农业科技园区转变经济发展方式等方面发挥着重要的引领、辐射、带动作用。国家农业科技园区的建设中，创新示范推广在推动区域创新和拉动经济发展等方面发挥着积极作用。对153个园区的创新水平指数进行了核算，并得出如下结论：①2018年园区当年引进、推广新品种方面较2017年均有不同程度的下降。东部和中部园区分别在引进和推广"三新"数量方面表现良好，领先全国其他园区。②2018年园区继续加强在农民职业培训和技术培训方面的重要作用。园区本年度技术培训总人次较2017年增加显著，为乡村振兴培育了大批均有专业技能和经营能力的新型职业农民。③园区示范基地建设发展势头良好，2018年园区核心区和示范区内的示范基地数量与2017年基本持平，延续了较高的发展水平。

分项评价五——创新综合绩效体现了国家农业科技园区创新能力的经济效益与社会效益。本章结合园区从净利润与技术收入、三产融合发展、高新产业与休闲农业发展、园区农户人均可支配收入等指标对153个园区的创新绩效指数进行了核算，得出如下结论：①园区净利润和平均技术性收入较2017年略有下降。净利润和技术性收入有待进一步提升。②从产业融合发展程度来看，园区平均三产融合率达26.91%，与2017年基本持平，园区总产值产出较为稳定。③从产业结构来看，园区高新技术企业发展稳定，2018年园区当年高新技术企业产值比重较2017年基本持平；2018年园区休闲农业比重较2017年略有下降。④园区农户人均可支配收入明显高于全国农村居民的收入水平，收入实现较大幅增长，园区带动增收效果显著，产业化经营不断深化。

从以上评价结果可以看出，尽管国家农业科技园区发展中仍然存在园区之间、地域之间创新能力差异较大、创新水平略显不足等问题，园区多方发展已经有所改善，整体发展呈现上升态势。展望未来，我们有理由相信国家农业科技园区将在推动农业科技进步、促进产业经济发展及带动农民增收致富等方面起到更为重要的作用，为加速我国传统农业向现代农业转变开辟一条新的途径。

国家农业科技园区创新能力评价报告2019

第一章

国家农业科技园区创新能力总体评价

2013年，科技部下发了《关于做好建立国家创新调查制度相关工作的通知》（国科计〔2013〕64号）强调全面加快推进国家创新调查制度建设，分别从国家、区域、产业和企业等多层面进行创新能力监测和评价。国家农业科技园区作为国家重要的创新密集区，对其创新活动进行评价是国家创新调查制度的重要组成部分。2018年，科技部、农业部等六部门印发了《国家农业科技园区发展规划（2018—2025年）》，要求"落实国家创新调查制度，加强园区创新能力监测评价研究，更加注重经济发展质量和效益，突出对园区科技创新、产业发展、企业培育、辐射带动、脱贫攻坚等方面的考核和评价"。科技部中国农村技术开发中心依据相关文件要求，立足园区的创新发展实际，制定国家农业科技园区创新能力评价指标体系，本报告以该指标体系为基础，是国家农业科技园区创新能力评价系列报告的延续性工作。

国家农业科技园区创新能力评价指标体系通过全面研究农业科技园区创新能力的构成要素，综合分析创新能力的支撑、投入和产出指标，构建了创新资源投入、创新驱动支撑、创新成果产出、创新示范推广和创新综合绩效5个一级指标和30个二级指标的创新能力评价指标体系（详见附录）。

国家农业科技园区创新能力指数（简称"创新能力指数"），以国家农业科技园区创新能力评价指标体系为基础，基于科学的量化模型，采用17个核心二级指标数据标准化后加权计算出5个一级指标分值：创新资源投入指数、创新驱动支撑指数、创新成果产出指数、创新示范推广指数和创新综合绩效指数。并通过5项一级指标分值加权计算得到创新能力的综合指数分值。

需要说明的是创新能力指数分值只有在园区之间或者时间序列比较时具有序数意义，不代表绝对意义上的创新能力，或者说单看一个分值没有任何意义。

本章是对2018年153个国家农业科技园区的创新发展总体情况进行评价，具体分析内容主要集中在创新能力指数和一级指标体系上，二级指标并不作为分析重点。同时，根据创新能力指数体现出来的数据统计特征和区域差异进行了相应的定量分析和科学评价。

一、国家农业科技园区创新能力总体发展情况

从153个国家农业科技园区的创新能力指数得分来看，2018年国家农业科技园区创新能力指数差异仍然较大，变异系数[①]达到24.49%，相对于2017年的园区创新能力指数变异系数22.38%，总体差异有所增大，这说明各园区的创新发展水平总体呈现出不均衡的状况。究其原因，一方面是国家农业科技园区经过20年左右的建设历程，已经建设了8个批次的园区，各园区建设的周期和起点本身存在一定的差异；另一方面，随着园区的持续发展，各园区在创新资源的集聚、园区的组织管理和运行机制等方面形成了较大差异，导致园区的创新能力产生了一定的差距。并且经过20年的不懈努力，一批优秀的园区脱颖而出，其中，武汉、济宁、玉溪、白马、昌吉、新乡、泉州和淮安等园区在创新能力总体水平方面优势明显，成为国家农业科技园区创新发展的领跑者。

1.园区之间创新能力总体差异有所上升，省域之间和省域内园区之间的差异成为创新能力差异的主要来源，玉溪园区首次进入前三甲

2018年153个国家农业科技园区创新能力指数的标准差为12.13，变异系数为24.49%，相对有所上升，说明园区创新能力之间的差异在拉大。同时，在剔除各园区自身规模（以园区内的企业数量作为衡量规模的指标）差异对园区创新能力影响的

---

① 变异系数又称为离散系数，是用来衡量各观测值变异程度的一个指标。计算公式为：CV=S/EI，其中S为标准差，EI为均值。

基础上，利用修正的二阶段泰尔系数①对153个园区创新能力的差异进行分析。修正的二阶段泰尔系数由三部分组成，包括区域组间差异系数、省域组间差异系数和省域组内差异系数，修正的二阶段泰尔系数能够有效剔除规模本身对园区创新能力比较的影响，避免园区因为通过规模化的粗放式发展方式形成名义上的创新能力指标数据优势。同时，其还能表明区域间、省域间或是省域内的园区创新能力差异更大，具体数值如表1-1所示。

表1-1 创新能力指数的变异系数和泰尔系数

	均值	标准差	变异系数	区域组间差异系数	省域组间差异系数	省域组内差异系数
创新能力	49.53	12.13	24.49%	0.0165	0.0509	0.0465

表1-1泰尔系数的区域组间差异系数是指东部、中部、西部和东北园区在创新能力上的差异，泰尔系数的省域组间差异系数是指同一区域内不同省份的园区在创新能力上的差异，泰尔系数的省域组内差异系数是指同一省份内各园区在创新能力上的差异。其中，省域组间差异系数为0.0509，略大于省域组内差异系数0.0465，且均大于区域组间差异系数0.0165。这说明2018年东部、中部、西部和东北部园区在创新能力方面区域之内的差异远大于区域之间的差异，即153个园区在创新能力上的差异主要来源于区域内的省域之间和省域内园区之间的差异，这也表明各省之间和各园区自身的内部管控和资源配置方面的差异成为园区创新能力总体差异的重要来源。这种创新能力差异性的变化一方面是在乡村振兴和创新驱动发展战略的指引下，部分省市将国家农业科技园区定位为实施乡村振兴战略的重要载体和主阵地，积极出台关于加快农业科技园区发展的政策和措施，如山东省发布了《关于加快全省农业科技园区体系建设的实施意见》，河南省印发了《河南省农业科技园区管理办法》，而部分省市缺乏对于园区发展的统一规划和政策指导，导致园区发展缺少有效的政策依据与指导原则，从而出现发展参差不齐的情况。同时，部分园区尚未构建科学全面的园区创新发

---

① 泰尔系数，又称为泰尔熵标准，是作为衡量个人（体）之间或者地区之间收入差距（或者称不平等度）的常用指标，具体计算公式见附录。

展的绩效考核体系，对于园区的创新发展状况缺少有效监控，使得园区对自身的发展状况无法实现有效认知，造成其发展改善无从下手。因此，未来园区发展的顶层设计和绩效考核是园区所在省市需要重点关注的问题。

在153个国家农业科技园区中，武汉、济宁、玉溪、白马、新乡、昌吉、辉山、泉州、淮安、南昌的创新能力指数位居前10位，代表了我国国家农业科技园区较高的创新能力水平。其中，玉溪园区的创新能力首次进入前三甲，而武汉园区作为综合创新能力排名居首位的园区，一直以来是国家农业科技园区的建设示范区，其采用的是"园中园"的发展模式，借助高新区的产业服务、设施优势，促进产、学、研深入合作，成为国际一流农业高新技术产业园区。

2.园区普遍注重创新资源的投入与聚集，创新综合绩效总体表现良好，但是创新驱动支撑和创新成果产出不足的短板依然明显，成为未来制约园区可持续发展的瓶颈

从分项指标指数来看，大多数园区创新能力指数得分的近一半主要来自创新资源投入和创新综合绩效，不同园区同一分项指数进行比较，也均存在明显的差异，如表1-2所示。

表1-2　创新能力分项指标的差异性分析

	创新资源投入	创新驱动支撑	创新成果产出	创新示范推广	创新综合绩效
均值	58.29	26.79	27.05	54.39	73.05
标准差	11.95	17.76	19.36	17.41	11.89
变异系数	20.51%	66.28%	71.59%	32.02%	16.28%

（1）2018年各园区创新综合绩效是5项指数中最高的，已经成为园区创新能力的第一贡献要素，表明园区发展的绩效导向较为明显

2018年国家农业科技园区创新能力评价结果显示，创新综合绩效是5项指数中最

高的。注重园区创新的效益产出，这已经是多数园区发展的第一目标。园区排名方面，济宁、淮北、武汉、荆州、辉山、新乡、玉溪、昌吉、潜江和望城排名前十。其中，济宁、武汉、玉溪、昌吉和辉山园区的创新综合绩效依旧保持在前10位，这说明其在改善创新支撑和创新条件的同时，在产业结构调整、产业培育、产出水平等方面具有较高水平，实现了较高的投入产出绩效，呈现出创新过程不断优化的特征。此外，在创新绩效排名前10位的园区中，济宁、武汉、玉溪、新乡、昌吉和辉山的创新能力排名也居前10位，这表明园区创新能力的提高仍然以创新综合绩效作为首要导向。

（2）2018年各园区创新驱动支撑和创新成果产出水平仍然较低，园区在注重短期创新绩效的同时，缺乏对于园区总体创新价值链提升和创新生态优化的关注，需要重视对创新过程管理及环境改善

创新驱动支撑园区排名方面，济宁、武汉、玉溪、辉山、泰安、南昌、湖州、红河、西宁和湛江位居前十。2018年国家农业科技园区创新能力评价结果显示，创新驱动支撑是5个分项指标中最低的一项，并且增长缓慢，相对其他分项指数仍然明显偏低。而创新驱动支撑不足势必影响园区未来创新综合绩效的持续增长，成为制约园区创新能力提升的重要瓶颈。创新成果产出园区排名方面，武汉、玉溪、白马、济宁、辉山、广州、南昌、深圳、新乡和酒泉排名位居前十。

园区的创新驱动支撑水平较低主要是由于园区在建设过程中对于创新环境的营造重视程度不足，对于创新创业所需要的专业机构引入和技术服务提供仍然存在差距，以至于尚未打造良好的创新创业生态系统，这也与部分园区的建设周期较短有关。此外，2018年园区的创新成果产出水平不高，是园区实现持续创新发展的另一重要制约因素。从农业科技园区的创新过程来看，其创新链是由横向合作创新和产学研的一体化创新构成的网状结构，从创新资源的集聚到科技研发活动形成成果再到集成科技创新成果进行示范、推广实现产业化。这一创新过程中，需要多方创新主体的参与和创新服务组织的支撑，以保障信息、资源、资金、技术和成果在园区的创新价值链中高效顺畅地流动并不断增值。因此，创新驱动支撑不足会导致园区创新发展后续乏力，创新产出质量难以保证，无法形成自组织和自循环的良好创新生态。因此，未来的园

区发展应该把构建良好的创新创业服务体系作为重点任务。只有注重园区总体的创新链协调优化，才能从根本上推动园区产业的转型升级，实现三产的融合发展。

（3）2018年各园区继续注重创新资源的投入力度，同时，园区的创新辐射带动作用得以不断加强

2018年国家农业科技园区创新能力评价结果显示，创新资源投入是5项指数中排名第2位的，成为园区创新能力的重要组成要素，说明各园区仍然注重通过持续的创新资源投入为创新能力的提升奠定基础，同时表明有大量的园区仍然处于创新资源的集聚阶段。在创新资源投入指数方面，济宁、淮安、武汉、白马、昌吉、辉山、玉溪、泉州、通化和定州排名前十，这些园区在创新要素投入和创新资源聚集方面具有一定的优势。此外，园区创新示范推广方面总体得分较高，说明园区较为充分地发挥了其在农业科技集成示范与推广方面的重要作用，从而为示范区与辐射区的农业产业升级和农户增收致富提供了有力的技术支撑。

3.各园区在创新能力指数结构上差异明显，创新综合绩效对创新能力提升的贡献度最大

以国家农业科技园区创新能力指数最高的3个园区（武汉、济宁和玉溪）为例，虽然这3个园区的创新能力指数都很高，但是发展的均衡程度却各不相同。对武汉、济宁、玉溪和全国园区平均创新能力指数结构差异进行比较，可以发现，武汉园区的创新能力主要来自其极高的创新成果产出，且其他4项指标也具有一定优势；济宁园区则是创新资源投入、创新驱动支撑和创新综合绩效3项指标均处于领先水平，而玉溪园区的创新能力主要来自其具有优势的创新示范推广、创新驱动支撑和创新成果产出。由此可知，武汉园区具有聚焦自主创新、兼顾均衡发展的特征，济宁园区具有优化创新环境、吸引创新资源的特征，玉溪园区具有注重融合创新、加强成果转化的特征，三者的创新发展各具特色。同时，对于大多数园区，创新综合绩效对创新能力提升的贡献度是最大的，各园区创新发展的绩效导向仍然延续。

二、国家农业科技园区创新能力指数总体分析

根据2018年国家农业科技园区创新能力指数测算结果，将全国153个国家级农业科技园区创新能力划分为创新引领、创新示范、创新稳健和创新起步4类，各类国家农业科技园区创新能力指数和分析指标如表1-3所示。

表1-3 2018年国家农业科技园区创新能力分类

分类	园区名称	创新能力	创新资源投入	创新驱动支撑	创新成果产出	创新示范推广	创新综合绩效
创新引领区（36个）	武汉、济宁、玉溪、白马、新乡、昌吉、辉山、泉州、淮安、南昌、许昌、酒泉、望城、泰安、西宁、合肥、红河、百色、定州、寿光、通化、阜阳、广州、泰州、武威、邯郸、内江、荆门、兰考、贵阳、永州、盐城、公主岭、无锡、常德、石河子	65.43	71.69	47.18	50.44	68.70	81.22
创新示范区（38个）	潜江、珠海、通州、徐州、湘潭、张掖、荆州、仙桃、湖州、南通、日喀则、和林格尔、湄潭、漳州、即墨、井冈山、铜陵、衡阳、常熟、宿州、安庆、大庆、藁城、唐山、湘西、沧州、鹤壁、德州、儋州、南充、旅顺、运城、宜宾、忠县、晋中、岳阳、石嘴山、乐山	53.43	61.40	27.75	30.77	59.01	78.33
创新稳健区（40个）	淮北、深圳、湛江、赣州、怀化、乌鲁木齐、蚌埠、黔南、连云港、毕节、铁岭、滁州、郑州、津南、赤峰、烟台、丰都、滇中、嘉兴、吕梁、固原、定西、金州、南阳、马鞍山、河源、浦东、萧山、渭南、同安、伊犁、石林、宁德、雅安、临沂、璧山、广安、十堰、黑河、海城	45.80	54.55	21.69	21.83	47.98	73.12
创新起步区（39个）	延边、金华、黔东南、黔西南、吴忠、建三江、丰城、汉中、上饶、顺义、天水、安顺、和田、芜湖、新余、濮阳、潼南、滨海、阜新、昌平、松原、海东、宝鸡、阿拉尔、延庆、三河、五家渠、萍乡、象山、咸阳、五一农场、哈密、乌兰察布、慈溪、池州、锡林郭勒、滨州、克拉玛依、塔城	34.89	46.72	12.27	7.17	43.26	60.29

1. 第Ⅰ类园区（创新引领区36个）

该类园区包括武汉、济宁、玉溪、白马和新乡等36个园区，其代表了153个国家农业科技园区创新能力的最高水平。2018年创新引领区的创新能力指数平均得分为65.43分，其中，创新综合绩效的得分最高，为81.22分。该类园区的总体创新能力指数明显高于其他园区，创新水平指数均位居前列。这些园区的特点是：科技成果转化率较高，新品种、新技术、新设施等集成示范力度较大，科技成果转化和企业孵化能力强。济宁园区是其中的典型代表，济宁园区以生物技术和花卉苗木产业为主导，注重创新创业服务环境的营造与完善，重点打造了创新培训服务和信息物流交易两大平台及园艺创业园，并建立了苗木标准化生产区在内的四大示范基地，从而为园区的研发创新、农科创业、市场交易和转化推广提供了良好的支撑。武汉园区的创新能力长期居于全国领先地位，其先后搭建了成果研发、企业孵化、示范推广、信息交流和投融资五大平台，并适时地引入了市场化的运营管理机制，通过成立武汉高农集团负责园区的日常组织管理工作，极大地提升了园区的创新产出效率。并且园区建立了全国第一家国家级农业专业孵化器，通过培育大量的农业高新技术企业，促进农业科技成果转化，带动农民增收致富。近年来，玉溪园区的创新能力提升较为明显，从2015年开始建设到2018年顺利通过验收，仅4年左右的时间，玉溪园区的创新能力已经攀升为在全国具有领先地位的国家级园区，这主要是因为园区在明确主导产业定位的同时，大力引入和培育农业科技龙头企业，通过龙头企业的聚集和产业链延伸，形成特色鲜明的产业集群来实现园区的创新发展，目前玉溪园区已经建成云南云菜集团、滇雪粮油、猫哆哩、万绿生物股份等几十家农业龙头企业，打造了包括新平"褚橙"、"滇雪"食用油、"猫哆哩"休闲食品和"磨浆"核桃饮料在内的多个国内知名品牌，形成了特有的高原现代农业产业体系。从总体创新能力指数的结构来看，创新引领区在创新综合绩效、创新资源投入和创新示范推广3个方面表现出色，而创新驱动支撑和创新成果产出方面虽然具有领先优势，但是仍有较大的提升空间。

2. 第Ⅱ类园区（创新示范区38个）

该类园区包括潜江、珠海、通州、徐州和湘潭等38个园区，代表了国家农业科技园区创新能力的次高水平，属于创新能力重点推进示范园区。创新示范区的创新能力指数平均得分为53.43分，其中创新综合绩效得分最高，为78.33分，并且该类园区之间的发展水平差别较大。从创新能力指数结构看，创新示范区的创新资源投入、创新示范推广及创新综合绩效对于创新能力的贡献较大，尤其是创新综合绩效方面，与创新引领区的差距较小。而创新驱动支撑和创新成果产出与创新引领区存在明显差距，且与其他3项创新能力要素的得分差距较大，其创新能力的指数结构存在失衡现象。

3.第Ⅲ类园区（创新稳健区40个）

该类园区包括淮北、深圳、湛江、赣州和怀化等40个园区。该类园区的创新综合绩效、创新资源投入是构成创新能力指数得分的主要因素。创新驱动支撑也取得了一定的成效，与创新示范区基本相差不大。而创新成果产出方面较创新示范区还有一定的差距，主要原因是该类园区中有相当数量的新建园区，其创新要素积累特别是人才方面的积累还没有完全实现，属于稳步推进阶段，因此创新水平仍处于发展阶段，同时创新成果产出方面较创新示范区也有一定的差距。该类园区创新创业的服务与支撑能力相对较低，农业科技企业的孵化、新业态的培育等是当前创新工作推进的重点。与第Ⅰ、第Ⅱ类园区相比，创新水平不高，且创新能力指数结构失衡非常明显，未来在提高创新能力的同时，需要以实现创新能力的均衡发展为主要目标。

4.第Ⅳ类园区（创新起步区39个）

延边、金华、黔东南、黔西南和吴忠等39个园区，平均得分为34.89分。该类园区创新能力相对较差，创新驱动支撑、创新成果产出方面缺乏建设亮点。该类园区不仅总体创新水平不高，大部分园区的5个分类指标也均低于前3类园区。其中，创新驱动支撑平均得分为12.27分，创新成果产出平均得分为7.17分，与领先园区的差距非常明显。其中，建三江、吴忠和延边等创新起步区园区在创新资源投入与创新综合绩效方面排名较靠前，但由于自身各项发展不均衡导致总体创新能力水平落后，因此，该类园区应该加强园区的创新创业环境建设，为园区创新资源聚集，创新成果的形成、转移转化和产业化提供强有力的支撑，打破园区的创新发展瓶颈，实现园区创新能力的快速均衡发展。

5. 4类园区的创新能力指数结构存在一定差异，创新引领区的创新水平明显领先于其他园区

从创新能力指数结构来看，4类园区创新能力建设均主要依靠创新综合绩效和创新资源投入带动。其中，创新引领区创新资源投入、创新驱动支撑、创新成果产出和创新示范推广、创新综合绩效5个方面均为最高，并且创新能力的构成要素结构更加合理，实现了相对快速且均衡的发展。创新示范区在创新成果产出和创新示范推广方面也具有一定的优势，但是在创新驱动支撑方面与创新引领区存在明显的差距，这说明创新示范区建设中最大的问题就是创新创业服务的支撑力度不够，创新环境亟待改善。而创新稳健区和创新起步区最大的问题就是创新驱动支撑和创新成果产出两项明显偏低，说明这两类园区需要通过创新创业环境的优化来实现优质创新资源的聚集，并为创新资源的形成转化提供一系列的服务支撑，来实现园区的持续创新发展如图1-1所示。

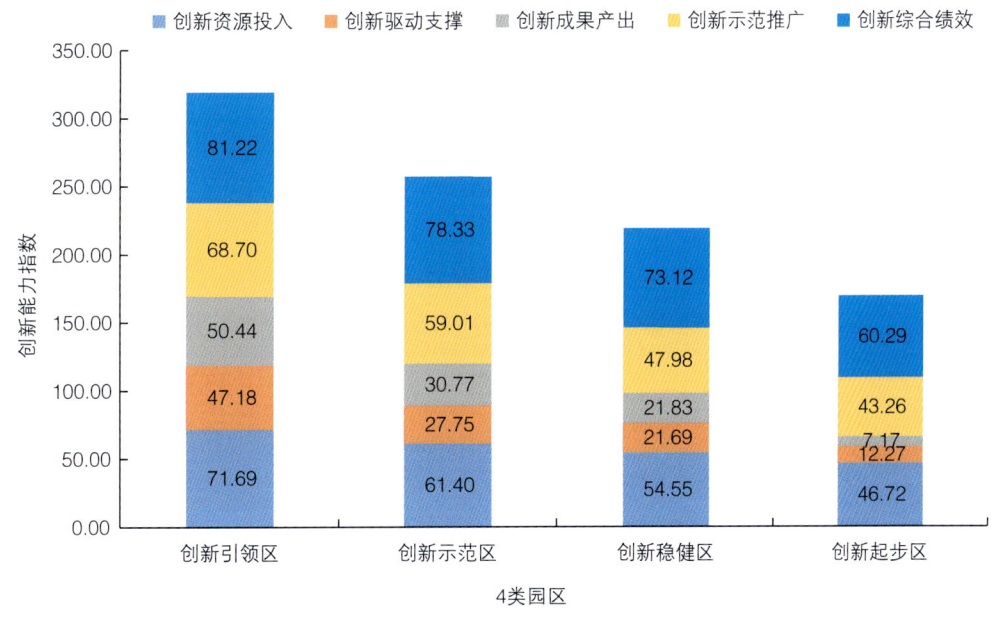

图1-1　2018年4类园区的创新能力指数结构

注：本图中的柱高不代表各类园区的创新能力指数，只是用于5个一级指标的对比分析，创新能力指数是通过加权计算得到的而非直接相加。

从指数总体分析可以看出，处于创新引领区的武汉、济宁、玉溪、白马、新乡、昌吉、辉山、泉州、淮安、南昌、许昌、酒泉、望城、泰安、西宁和合肥等园区的创

新资源投入、创新驱动支撑、创新成果产出、创新示范推广与创新综合绩效代表了国家农业科技园区创新发展的一流水平，是园区创新引领发展的标杆与排头兵；而处于创新示范区的潜江、珠海、通州、徐州、湘潭、张掖、荆州、仙桃、湖州、南通、日喀则、和林格尔、湄潭、漳州、即墨和井冈山等园区与创新引领区共同形成园区的上游发展群体，两类园区共74家，占整个园区数量的48%以上，是园区推动区域农业结构调整、产业转型升级与实现乡村全面振兴的中流砥柱与中坚力量。

三、国家农业科技园区创新能力区域差异分析

1.中部园区的创新能力指数居于领先，各地区创新驱动支撑和创新成果产出差异较大，已初步形成"重投入，高产出"的创新总体发展格局

按地域划分，153个园区中，东部园区46个，中部园区42个，西部园区52个，东北地区13个[①]，园区区域布局差异相对较大。而创新驱动支撑和创新成果产出的区域间差异相对最大，其变异系数分别达到了66.28%和71.59%，说明各区域园区在创新环境建设和创新成果形成方面参差不齐，存在分化现象。而在创新资源投入方面，各区域间仅有微小差距。根据评价结果，四大地区的园区创新能力指数及5个分项指标的平均得分，如表1-4所示。

表1-4　2018年各区域园区创新能力指数和分项指标得分

	总指数	创新资源投入	创新驱动支撑	创新成果产出	创新示范推广	创新综合绩效
东部	50.88	59.96	25.70	30.30	53.76	74.97
中部	52.78	59.39	30.14	32.52	56.44	76.35
西部	46.05	55.00	26.03	20.03	54.45	69.12
东北	48.25	61.99	22.87	25.93	49.73	71.31

由表1-4可知，2018年153个园区中，中部园区的创新能力指数最高，为52.78分，超越东部园区，在全国处于领先地位。创新能力指数结构方面，各区域园区的差

---

① 东部：北京、福建、广东、海南、河北、江苏、浙江、山东、上海、天津；中部：安徽、河南、湖北、湖南、山西、江西；西部：甘肃、广西、内蒙古、贵州、宁夏、陕西、四川、新疆、云南、重庆、西藏、青海；东北：辽宁、吉林、黑龙江。

异不大。2018年创新能力发展由创新资源投入和创新综合绩效双轮驱动演变为资源、示范与绩效三者联动,但是创新驱动支撑和创新成果产出方面的不足仍然存在,下一步园区创新能力建设的方向较为明确,即优化创新创业环境,加强自主创新能力。

2.创新资源投入方面,创新资源投入的区域差距明显缩小,西部园区的资源投入相对落后

创新资源投入指数方面,全国各园区的创新资源投入平均水平为58.29分。通过表1-4可以发现,其中,东部、中部和东北园区的创新资源投入均超过了全国平均值,东北园区处于领先地位,而东部和中部园区的资源投入力度紧跟东北,且两者相差不大。这说明东北地区开始意识到园区在带动本地农业转型升级中的重要作用。纷纷加大对园区的资源投入,通过园区的创新驱动和辐射带动促进本地区的农业经济持续高质量发展,园区创新资源投入的区域差异具体如图1-2所示。

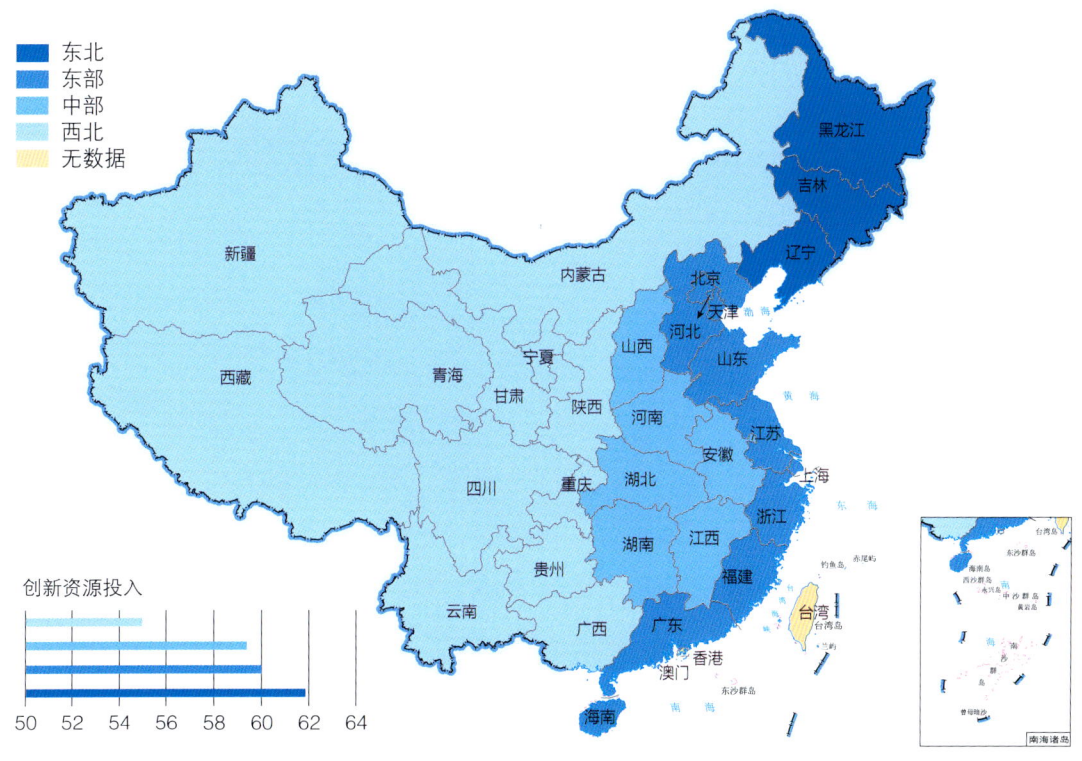

图1-2 园区创新资源投入的区域差异

3.创新驱动支撑方面,中部园区的创新驱动与支撑能力超越东部,园区创新创业环境持续改善

创新驱动支撑指数方面,全国各园区的创新驱动支撑平均水平为26.79分。通过表1-4可以发现,仅有中部园区均超过了全国平均水平,创新驱动支撑存在着较为明显的区域差异。而中部园区的创新驱动支撑水平超越了东部园区,这说明中部园区在加大创新资源投入的同时,开始注重园区创新创业环境的建设与优化,通过提供全方位的创新创业服务和多种政策支持吸引科技企业、创新人才和创投资本等优质创新资源的积聚,并积极推动创新资源的优化配置和协同互补。园区创新驱动支撑的区域差异具体如图1-3所示。

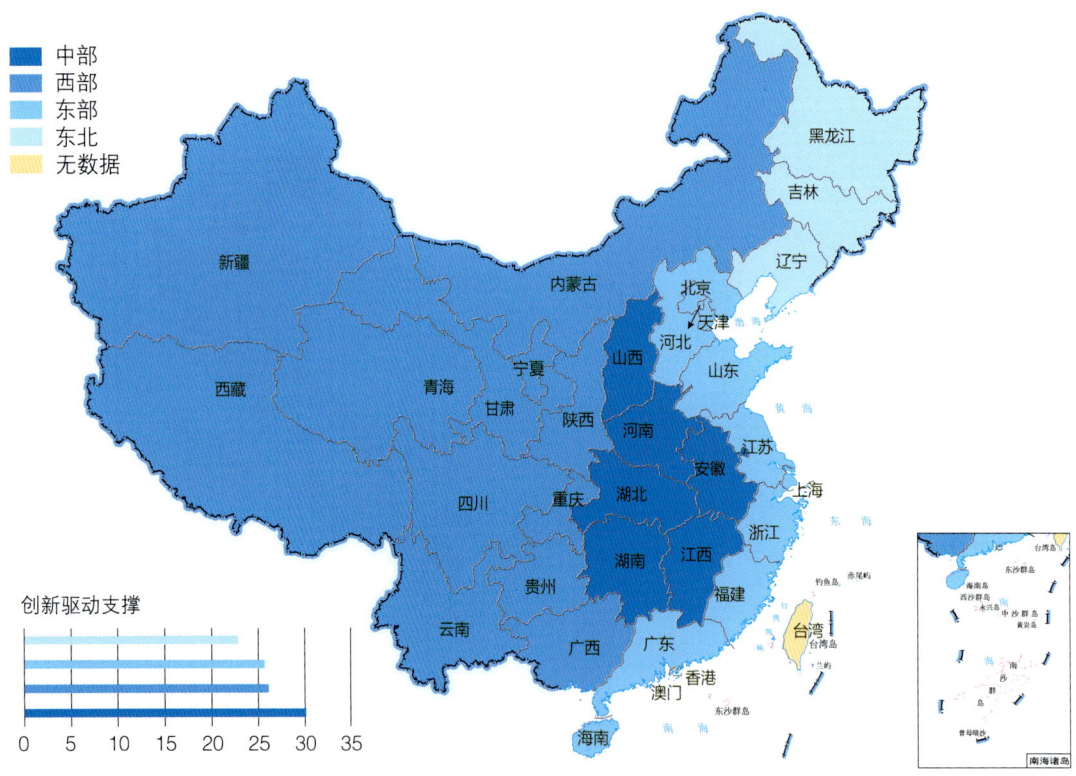

图1-3 园区创新驱动支撑的区域差异

4.创新成果产出方面,创新投入的加大和创新环境的优化有效促进了中部园区的创新成果产出

创新成果产出指数方面,全国各园区的创新成果产出水平为27.05分。通过表1-4可以发现,中部和东部园区超过了全国的平均水平,且中部园区的领先优势较为明显。这说明创新驱动支撑在创新资源转化为创新成果的过程中发挥着重要作用。通过营造良好的创新创业环境,在吸引优质创新资源的同时,更有利于其高效协调使用,转化为大量的新技术和新设施,从而为创新驱动发展奠定坚实的基础。园区创新成果产出的区域差异具体如图1-4所示。

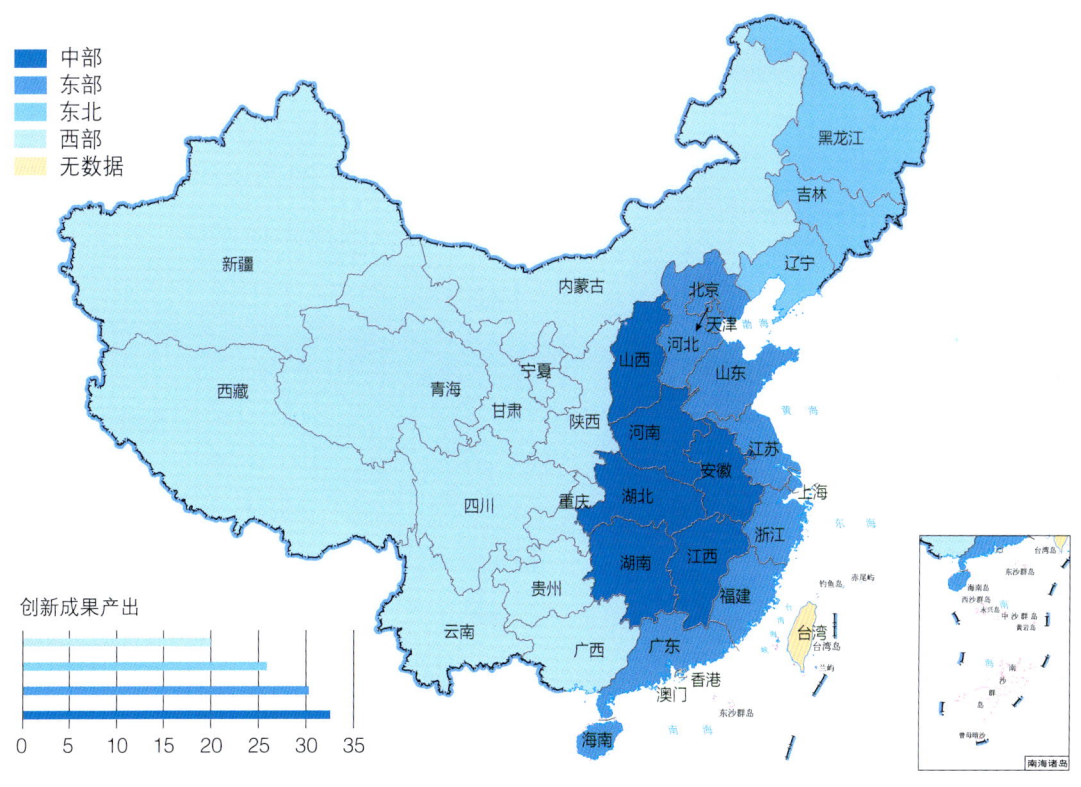

图1-4 园区创新成果产出的区域差异

5.创新示范推广方面,中部和西部园区更加注重创新成果的引进、示范与推广,辐射带动作用显著增强

创新示范推广指数方面,全国各园区的创新示范推广平均水平为54.39分。通过

表1-4可以发现，中部和西部园区的创新示范推广水平超过了全国平均水平。而东部与东北园区在创新示范推广方面仍有一定的提升空间。中部和西部园区认识到，加大园区科技成果的引进、推广和示范，充分发挥园区的科技集成推广载体作用，是一条有效促进区域农业发展的重要途径。通过创新成果的示范推广，有效推动区域农业转型升级，并带动园区周边的农民脱贫增收。园区创新示范推广的区域差异具体如图1-5所示。

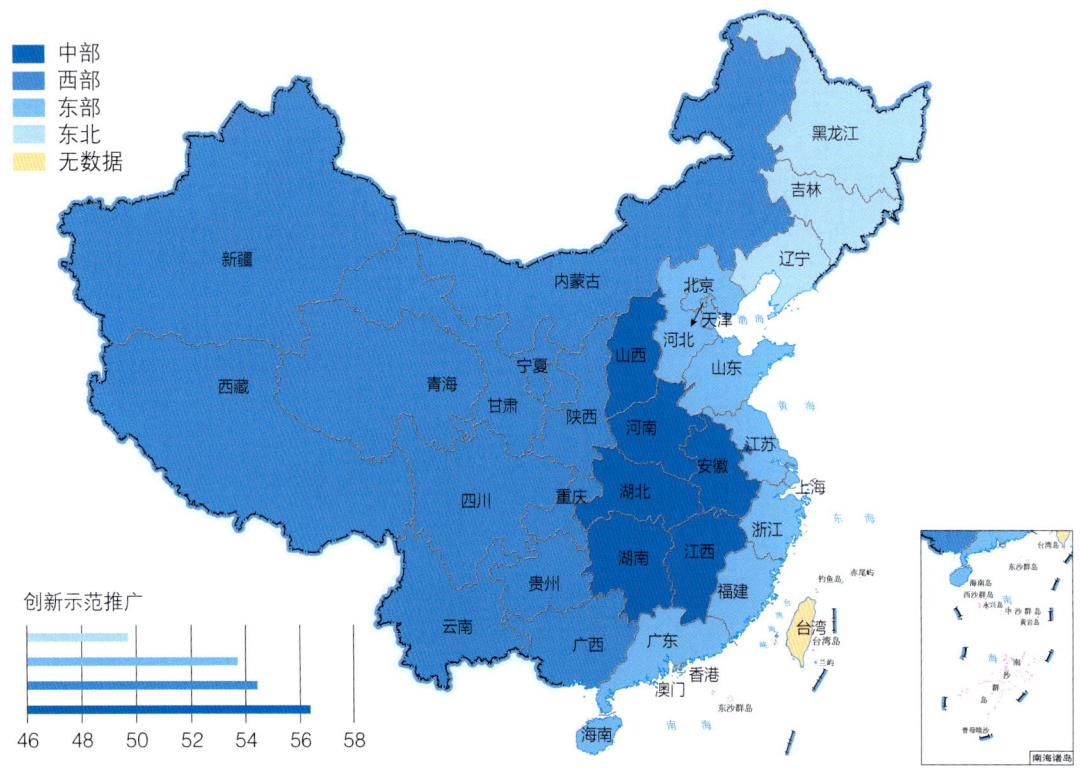

图1-5　园区创新示范推广的区域差异

6.创新综合绩效方面，中部园区的综合创新能力依然具有相对优势，引领全国

创新综合绩效指数方面，全国各园区的创新综合绩效平均水平为73.05分。通过表1-4可以发现，东部与中部园区的创新综合绩效超越全国的平均水平，并且中部园区的创新综合绩效具有一定的领先优势。这主要是由东部和中部园区在创新成果方面的优势所带来的。通过对创新成果的有效市场转化，形成了较为优异的园区创新绩

效。而创新成果的市场转化与东部和中部园区优质的创新创业环境密切相关。东部与中部园区已经基本形成了"创新投入→创新成果→创新绩效"的创新价值链，具备了一定的持续创新驱动发展能力。园区创新综合绩效的区域差异如图1-6所示。

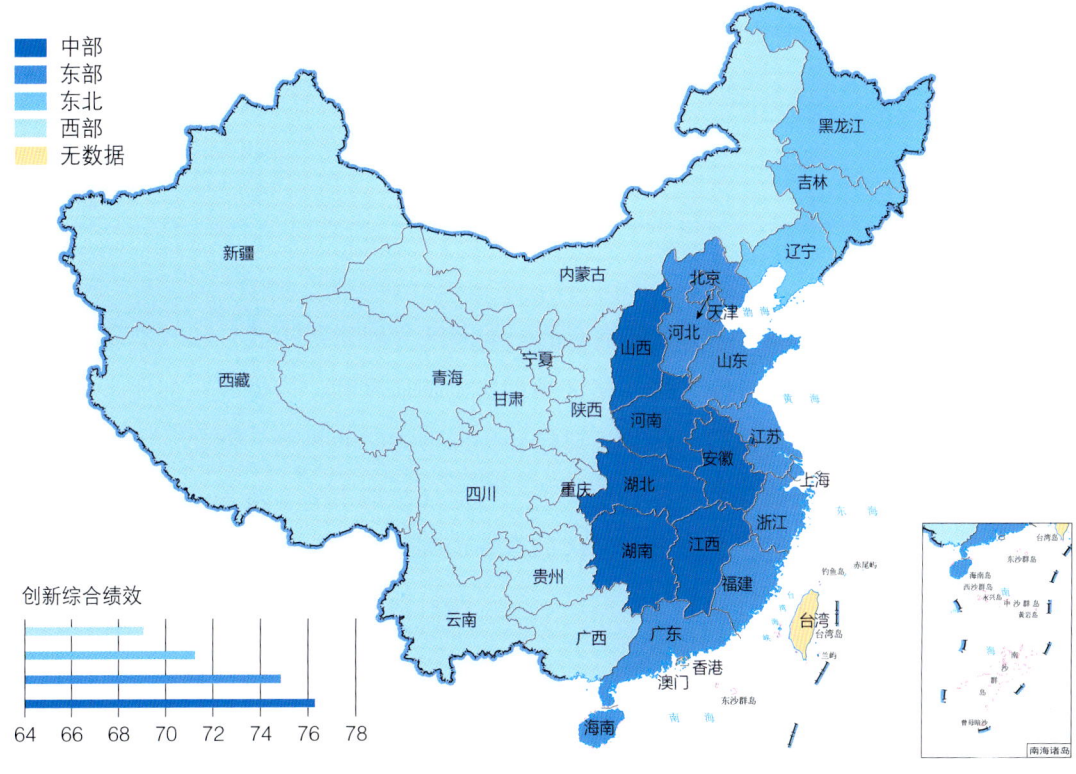

图1-6 园区创新综合绩效的区域差异

7.一类和二类园区的区域分布存在一定程度的失衡，东部和中部园区在一类和二类园区的数量上优势明显，西部需注重优质园区的打造

从一类和二类园区在各区域的分布状况来看，36个一类园区（创新引领区）有12个在东部地区，11个在中部地区，10个在西部，3个在东北地区。同时，38个二类园区（创新示范区）东部和中部地区就占了27个。由此可知，东部地区拥有一类（创新引领区）和二类（创新示范区）园区共计25个，中部地区共计25个，西部地区共计19个，东北地区仅拥有5个，排名最后。从一类（创新引领区）和二类（创新示范区）园区与所在区域园区数量占比方面来看，中部地区占区域园区比例的59.52%，占比最高。东部地区占区域园区比例的54.35%，超过园区数量的一半。东北和西部地区占所

在区域园区的比例分别是38.46%、36.54%，与东部和中部地区在优质园区打造方面差距较大，特别是西部地区，需更加注重优质园区的打造。具体如表1-5所示。

表1-5 2018年一类和二类园区的区域分布对比

	一类园区（创新引领区）	二类园区（创新示范区）	合计	比例
东部	12	13	25	54.35%
中部	11	14	25	59.52%
西部	10	9	19	36.54%
东北	3	2	5	38.46%

由表1-5可知，东部与中部地区拥有的一类园区（创新引领区）和二类园区（创新示范区）数量最多，并且两者优质园区的占比也是最高的，这说明东部地区在大力推进园区建设的同时，注重园区的建设质量和创新型园区的打造。例如，安徽省目前已经建设了16个国家农业科技园区，实现了园区对16个地市的全覆盖。同时，安徽合肥、阜阳等园区发展良好，长期处于园区创新能力等级的第一梯队。而湖北武汉，河南新乡都已经建设成为标杆型的优质园区，这说明目前中部地区的园区建设已经初步走上了量与质并重的道路。

四、国家农业科技园区总体创新效率分析

技术效率是指由科技含量的提高而带来的产出成效，反映了对现有资源有效利用的能力，体现的是生产部门在既定投入水平下产出的最大能力，或者是在既定价格和生产技术下，实现生产部分投入要素最优比例的能力。简而言之，是指在给定各种投入要素的条件下实现最大产出的能力，或者给定产出水平下投入最小化的能力。

通过对园区创新技术效率进行分析，能够了解国家农业科技园区对创新投入资源的使用、配置和管理情况。利用参与评价的153个农业科技园区2018年的数据，采用数据包络分析（DEA）中的BCC模型，以投入为导向，选择园区的核心区建成面积、年度R&D投入总额、年度研发人员数和园区的入驻企业数量为创新投入指标，园区授

权发明专利数、园区通过审定的新品种数量、园区认定的高新技术企业数和园区的年度总产值为创新产出指标，进行园区创新技术效率分析，测算结果表明，在参与评价的153个园区中，共有50个园区具有创新技术效率，即技术效率值为1（即100%），其他园区的技术效率值均小于1。其中，东部园区16个，中部园区15个，西部园区15个及东北园区4个。具体如表1-6所示。

表1-6 2018年具有创新技术效率的园区分布

区域	参与评价的园区数量/个	具有效率的园区数量/个	园区名称	占区域比例	占全国比例
东部	46	16	白马、延庆、象山、滨海、顺义、深圳、三河、慈溪、德州、临沂、连云港、广州、津南、金华、济宁、河源	34.78%	10.46%
中部	42	15	郑州、安庆、岳阳、湘潭、武汉、十堰、池州、濮阳、萍乡、丰城、南昌、荆州、合肥、怀化、衡阳	35.71%	9.80%
西部	52	15	阿拉尔、玉溪、宝鸡、五家渠、乌兰察布、塔城、日喀则、黔南、南充、湄潭、乐山、克拉玛依、哈密、酒泉、和林格尔	28.85%	9.80%
东北	13	4	大庆、阜新、旅顺、辉山	30.77%	2.62%

从表1-6可以看出，2018年具有创新技术效率的园区达到50个，占全体园区的比例约为32.68%。在具有创新效率的园区分布方面，东部园区达到16个，是4个区域中拥有具备创新技术效率园区数量最多的，占全国园区样本总数的10.46%，同时也占到了东部园区总数的34.78%，超过了东部园区总数的1/3。此外，中部、西部和东北地区具有创新技术效率的园区数量也达到了15个、15个和4个，分别占到区域园区比例的35.71%、28.85%和30.77%，三者之间差别不大，都是接近1/3。这说明在具有创新技术效率的园区分布方面，并不存在明显的区域差异。

这些具备创新技术效率的园区在创新投入资源的配置和管理上是最有效的，充分利用其投入资源实现了创新产出的最大化。而对于创新技术效率不足的园区，需要完善园区的组织管理机制、减少创新的冗余投入、优化创新资源的配置、依托农业院校和科研机构，积极搭建农业关键技术的研发合作平台和集成创新平台，加快农业科技成果的扩散。根据测算的园区创新技术效率值，153个国家农业科技园区的创新技术效率均值为0.6722，其中中部园区创新技术效率均值为0.7144，为4个区域中最高。东部园区紧随其后，其创新技术效率均值为0.6691；西部园区创新技术效率均值为0.6619，与东部园区相差不多。而东北园区创新技术效率均值为0.5880，略微落后于其他地区。具体如图1-7所示。

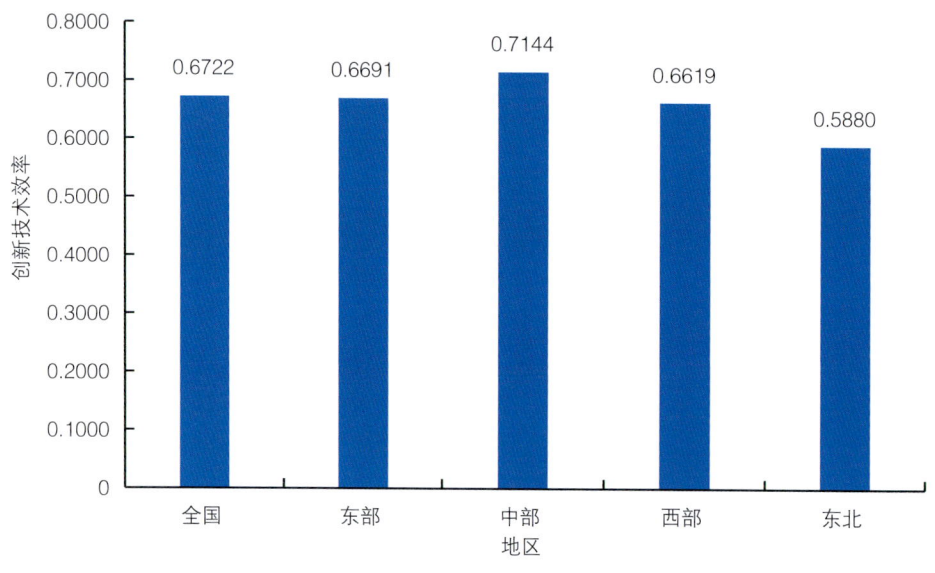

图1-7　2018年园区创新技术效率区域对比

五、小结

本章采用国家农业科技园区创新能力指数对园区创新能力进行总体评价，得到以下结论。

①园区之间创新能力的区域间差异有所增大，武汉、济宁和玉溪园区位居前三甲，玉溪园区近年来的发展较为迅速。

②各园区创新综合绩效是5项指数中最高的，已经成为园区创新能力的第一组成要素，其对园区发展的引导作用显著。

③2018年各园区创新成果产出和创新驱动支撑指数较低，说明亟须通过创新创业环境的优化来提升创新资源的成果产出。

④各园区在继续注重创新资源投入的同时，园区的创新辐射带动作用得以继续加强。

⑤各园区创新能力指数在结构上有所差异，创新综合绩效对创新能力提升的贡献度最大。

⑥4类园区创新能力新发展的驱动力有所不同，创新引领区的创新环境建设良好，且实现了创新均衡发展。

⑦中部园区的创新能力领先于全国，各地区创新资源投入和创新综合绩效无显著差异，但创新成果产出和创新驱动支撑差异较大，已初步形成"重投入，高产出"的创新总体发展格局。

⑧创新资源投入方面，创新资源投入的区域差距明显缩小，西部园区的资源投入相对落后。创新驱动支撑方面，中部园区的创新驱动与支撑能力超越东部，园区创新创业环境持续改善。创新成果产出方面，创新投入的加大和创新环境的优化有效地促进了中部园区的创新成果产出。创新示范推广方面，中部与西部园区更加注重创新成果的引进、示范与推广，辐射带动作用显著增强。创新综合绩效方面，中部园区的综合创新能力具有相对优势，创新综合绩效引领全国。

⑨一类和二类园区的区域分布存在一定程度的失衡，东部和中部园区在一类和二类园区的数量上优势明显，西部园区需注重优质园区的打造。

⑩中部园区的平均创新技术效率最高，东部园区具有创新技术效率的园区数量最多，各区域具备创新技术效率的园区比例总体差异不大，均在1/3左右。

国家农业科技园区创新能力评价报告2019

第二章

国家农业科技园区创新能力分项评价

——创新资源投入评价

创新资源投入是创新能力形成和创新成果产出的基础,同时对于资源的使用和配置水平,又是园区创新能力的重要体现,是加强农业科技创新工作的必要保障和关键举措。通过农业科技园区的组织形式促进农业产业发展的重要优势就在于能够通过各类创新资源的聚集与协同形成区域农业增长极,从而助推区域农业的创新发展,因此,对于各园区创新资源投入状况的评价是园区评价的首要工作。本章分别从总体创新投入、支撑建设投入、建设发展规模及关键创新要素投入等方面对园区创新资源投入情况进行分析。

一、园区总体创新投入状况

本报告通过园区内企业R&D经费投入强度和企业研发人员数量两个指标分析园区的总体创新投入状况。并对比2017年和2018年的园区数据,以及对东部、中部、西部和东北地区的园区进行综合分析。

1.园区内企业R&D经费投入强度增强,东部园区投入强度最高,西部园区投入强度增幅最大

R&D经费投入强度是反映一个国家(地区)或一个企业对科技和创新投入力度的重要指标,是国际社会广泛使用的科技指标,世界各国普遍将R&D经费投入强度作为创新战略规划中的核心指标。园区内企业R&D经费投入强度=园区企业的R&D内部经费支出/园区当年的总产值。2018年全国153个园区的企业R&D经费总投入达到192.34亿元,平均每个园区的企业R&D经费投入强度为4.24%。其中,新余、儋州、

黔东南、萧山和锡林郭勒园区的企业R&D经费投入强度排名居全国前5位。2018年企业R&D经费投入强度排名居前20位的园区如图2-1所示。

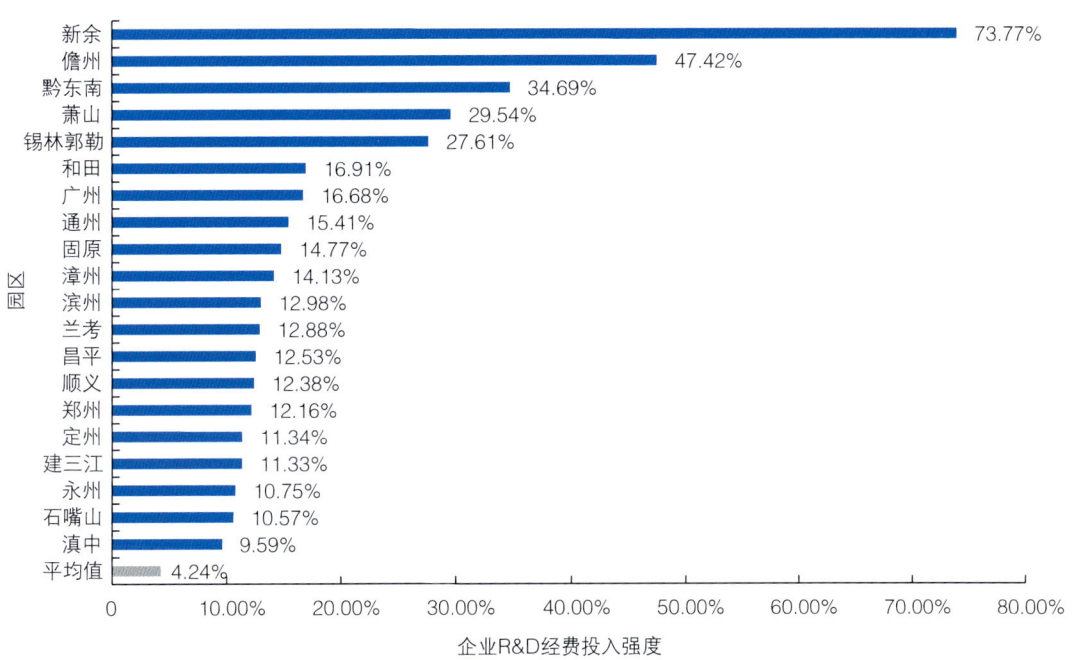

图2-1　2018年企业R&D经费投入强度排名居前20位的园区

区域对比方面，如表2-1所示，2018年153个园区中，东部园区企业最为重视R&D经费投入力度，企业R&D经费投入强度占比为5.16%，高于全国平均水平。中部和西部园区企业次之，两者的企业R&D经费投入强度占比均达到4.10%。东北园区的企业R&D经费投入强度占比为1.98%，与其他地区园区差距较大，且远低于全国平均水平。

表2-1　2018年各区域园区内企业R&D经费投入强度情况

单位：%

地区	2017年	2018年
全国	3.48	4.24
东部	3.57	5.16
中部	4.81	4.10
西部	2.48	4.10
东北	1.50	1.98

与2017年相比，2018年各园区的企业R&D经费投入强度明显提升，增幅超过21%，其中西部园区的增幅最为明显，增长幅度达到65.32%，而东部和东北园区的增幅也分别超过了44%和32%。只有中部园区的企业R&D经费投入强度略有下降，具体如图2-2所示。

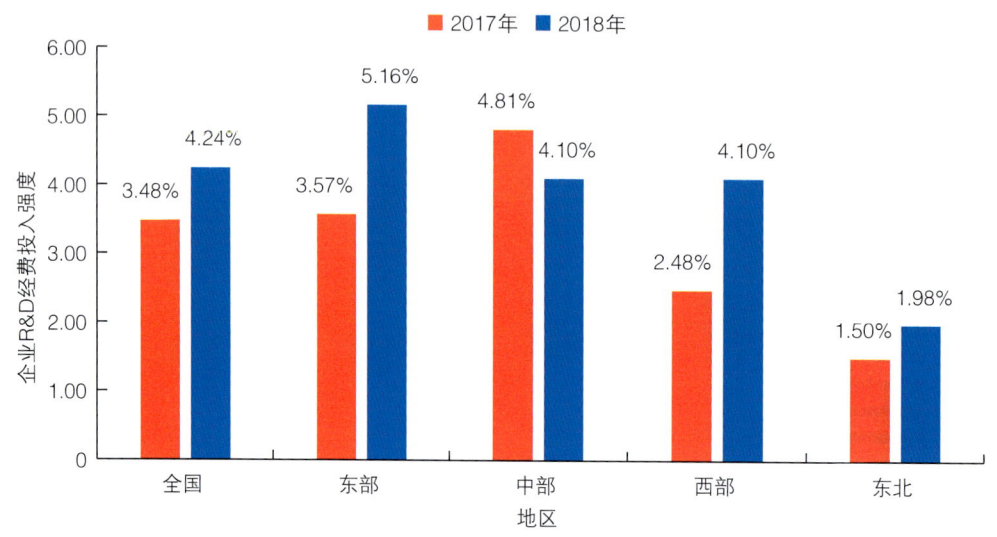

图2-2　2017年和2018年各园区内企业R&D经费投入强度情况

2.园区内企业研发人员数量总体增加，东部园区研发人员最多，西部园区增长明显

人才是科技发展的根本，是科技创新的关键。科技创新是实施创新驱动发展战略的核心，科技创新能力主要取决于人才。因此，科技创新人才无疑是科技创新中不可或缺的要素，是科技创新活力之源。园区要实现持续创新发展，必须大量引进和聚集高层次的科研人员。近年来，园区通过加大财政科技支出、制定人才引进政策、设立博士后流动站、完善科技人才聘用制度等，推动园区创新人才量与质的共同提升。2018年153个园区内企业研发人员总数达到91 061人，平均每个园区的企业研发人员数量为595.17人。其中，武汉、玉溪、淮安、济宁和白马园区居全国前5位。尤其是武汉和玉溪园区，两者的研发人员数量均超过5000人。2018年研发人员数量排名居前20位的园区如图2-3所示。

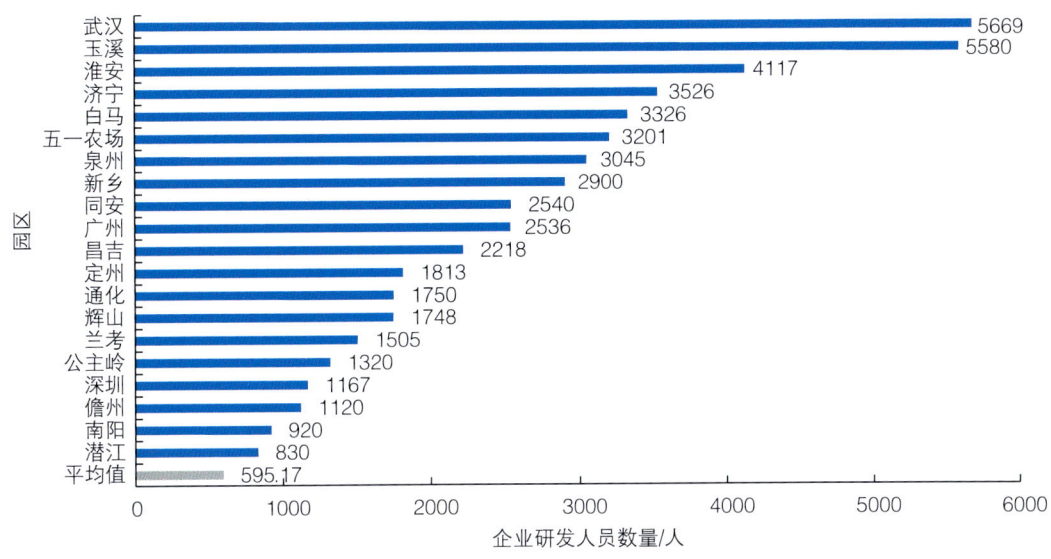

图2-3 2018年企业研发人员数量排名居前20位的园区

区域对比方面，2018年153个园区中，东部园区较为重视研发人员的投入，研发人员数量最多，达到876.34人，远超全国平均水平；中部园区和东北园区分别为515.19人和508.69人，略低于全国平均水平；西部园区为432.67人，与东部园区相差较大，远低于全国平均水平，具体如表2-2所示。

表2-2 2017年和2018年各区域园区研发人员情况

单位：人

地区	2017年	2018年
全国	491.12	595.17
东部	815.23	876.34
中部	457.26	515.19
西部	255.44	432.67
东北	409.23	508.69

与2017年相比，2018年各园区企业研发人员数量有明显的增加，增幅超过21%。尤其是西部地区的企业研发人员数量由2017年255.44人增长到2018年的432.67人，增幅超过69%。而中部园区和东北园区的企业研发人员数量也有较大的增长，增幅也分

别超过了12%和24%,东部园区的企业研发人员数量略有上升(图2-4)。

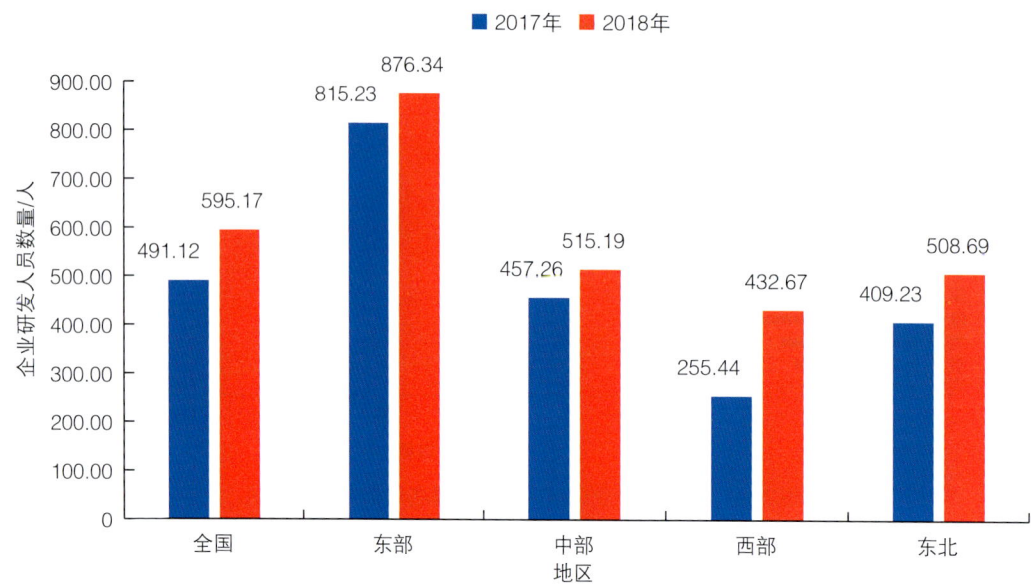

图2-4 2017年和2018年各区域园区企业研发人员情况

二、园区的支撑建设投入状况

本报告采用园区的地方政府投入数额和园区当年的建设性投入两个指标分析园区的支撑与建设投入情况,并对比2017年和2018年的园区数据,以及对东部、中部、西部和东北地区的园区进行综合分析。

1.园区当年地方政府投入总体有所减少,中部园区高于全国园区平均水平

政府投入数额体现的是政府对园区的资金支持情况,其大小可以体现政府对园区创新发展的重视程度,对于科技园区尤其重要,因此是衡量一个园区在创新投入方面的重要指标。2018年153个园区政府投入共计24.23亿元,平均每个园区为15 834.05万元。其中,荆州、昌吉、潜江、珠海和兰考园区的政府投入居全国前5位。2018年地方政府投入排名居前20位的园区如图2-5所示。

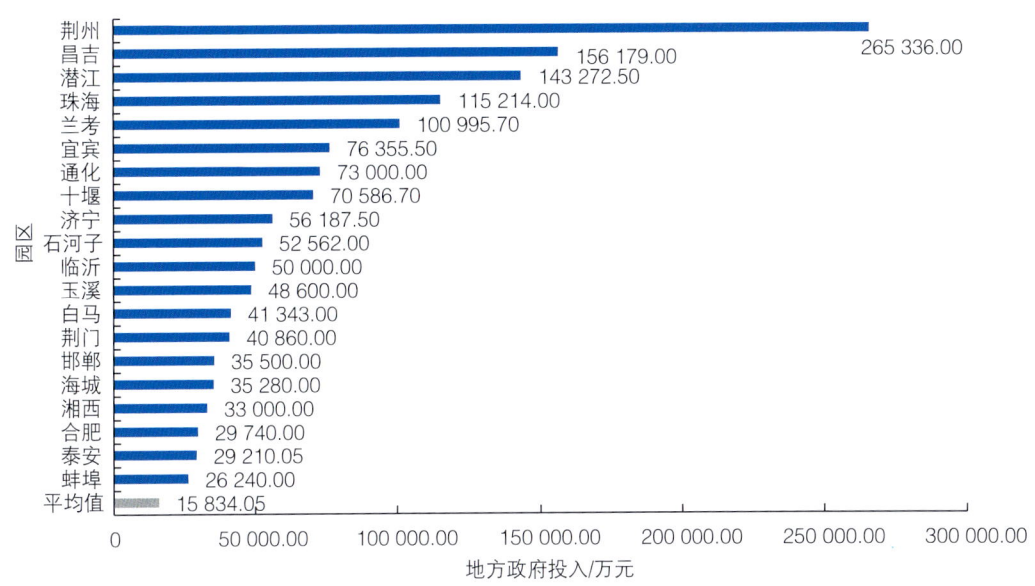

图2-5 2018年地方政府投入排名居前20位的园区

区域对比方面，2018年153个园区中，中部园区政府投入最多，达到22 312.10万元；东部园区为14 432.72万元，略低于全国平均水平；西部园区和东北园区分别为12 685.44万元、12 457.90万元，远低于全国平均水平（表2-3）。

表2-3 2017年和2018年各区域园区地方政府投入占比情况

单位：万元

地区	2017年	2018年
全国	24 648.00	15 834.05
东部	27 292.00	14 432.72
中部	28 780.00	22 312.10
西部	20 436.00	12 685.44
东北	19 594.00	12 457.90

与2017年相比，2018年全国政府投入水平降低。具体来看，如图2-6所示，2018年全国政府投入减少8813.95万元，下降35.76%。其中，东部园区政府投入减少12 859.28万元，下降47.12%，降幅最大；东北园区政府投入减少7136.10万元，下降36.42%；西部园区政府投入减少7750.56万元，下降37.93%；中部园区政府投入减少

6467.90万元，下降22.47%。地方政府投入下降主要是因为园区在建设初期，获取经济收益的能力尚未能形成，园区建设需要大量的政府投入来完善基础设施等硬件条件，而在建设期结束后，政府投入相应地会有所减少。

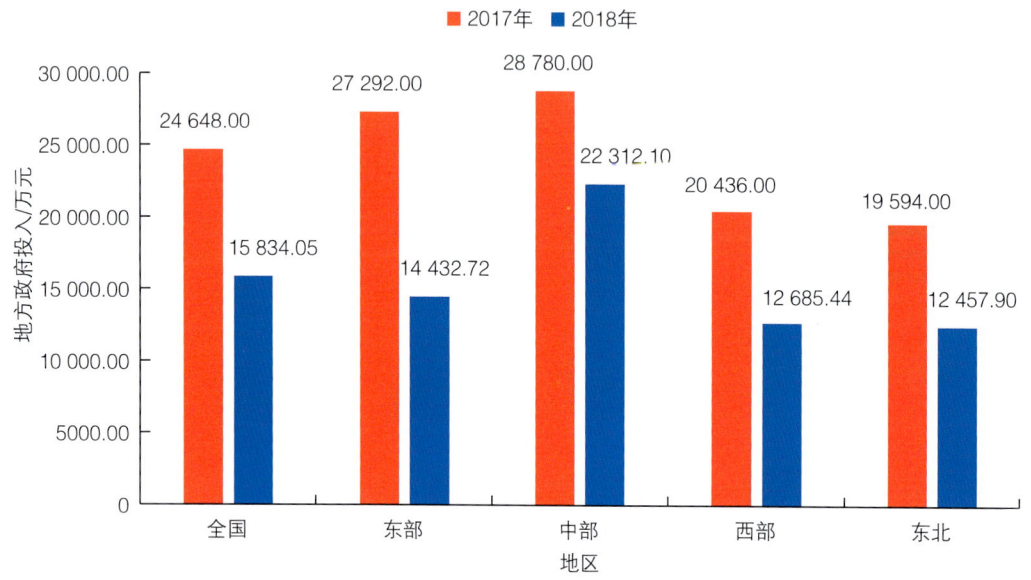

图2-6　2017年和2018年各区域园区地方政府投入情况

2.园区当年建设总投入增加，东北园区总投入最多，且增幅最大，东部和中部园区高于全国园区平均水平

园区的建成加速了现代农业科技要素的聚集，促进了科技与金融的紧密结合。各地园区积极探索按照市场机制、企业化运行和产业化目标的建设模式，利用企业自有资金、政府补贴、金融融资等多渠道、多元化资金支持农业科技园区建设，通过国家科技政策引导和商业银行金融支持相结合，促进园区建设和发展。2018年153个园区的建设总投入达到1764.68亿元，平均每个园区建设投入为11.53亿元，其中济宁、辉山、顺义、荆州和兰考园区建设总投入居全国前五。2018年园区建设投入排名居前20位的园区如图2-7所示。

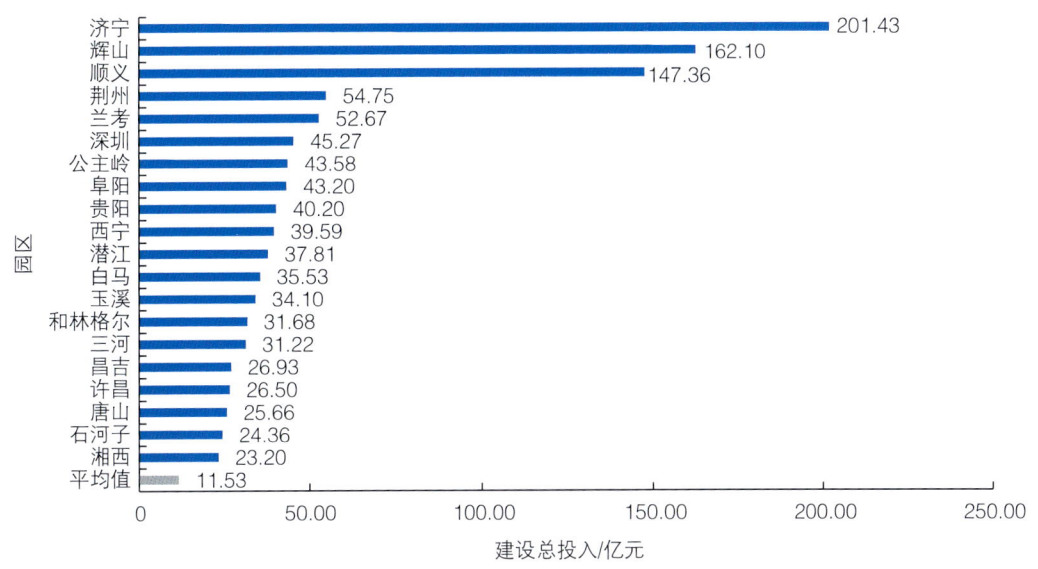

图2-7 2018年建设总投入排名居前20位的园区

区域对比方面，如表2-4所示，2018年东北园区建设总投入金额最高，达到22.26亿元，远高于全国平均水平；东部园区和中部园区分别为13.13亿元和11.98亿元，略高于全国平均水平；西部园区为7.08亿元，远低于全国平均水平。

表2-4 2017年和2018年各区域园区建设总投入情况

单位：亿元

地区	2017年	2018年
全国	11.53	11.53
东部	12.75	13.13
中部	15.31	11.98
西部	6.40	7.08
东北	15.81	22.26

与2017年相比，2018年东部、西部和东北园区平均建设总投入有所上升，中部园区平均建设总投入有所下降。具体来看，如图2-8所示，2018年全国园区平均建设总投入增加29.65万元，增幅为0.03%；东北园区平均建设总投入增加64 451.77万元，增长40.76%，增幅最大；东部园区和西部园区分别平均增加3752.93万元和6828.73

万元，分别增长2.94%和10.68%，高于平均水平；中部园区减少33 337万元，下降21.78%，降幅最大。

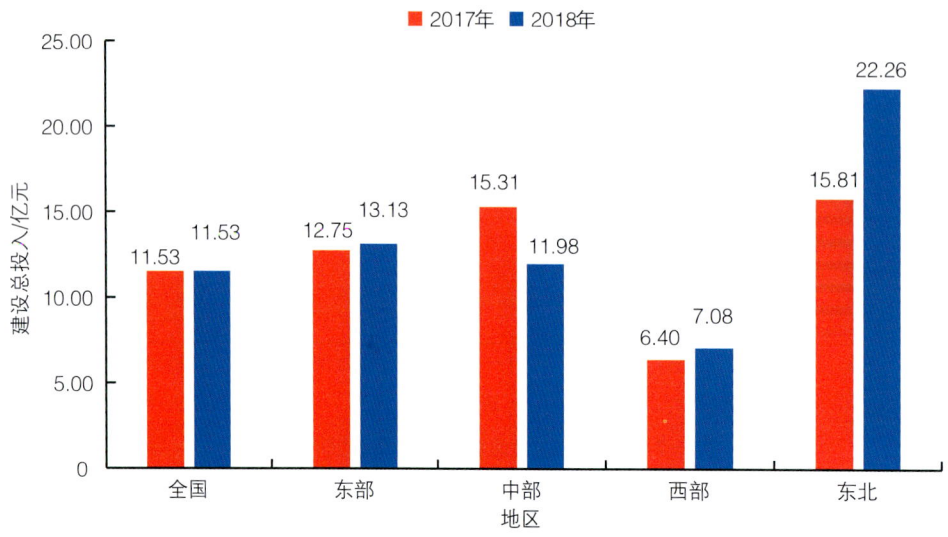

图2-8　2017年和2018年各区域园区建设总投入情况

三、园区的建设规模状况

本报告采用园区内核心区已建成面积和园区入驻企业总数两个指标分析园区的建设发展规模状况，并对比2017年和2018年的园区数据，对东部、中部、西部和东北地区的园区进行综合分析。

1.园区内核心区已建成面积有所增加，东北园区的规模优势较为明显，中部园区的核心区建设进程较快

核心区是农业科技园区研发、中试、管理和服务的聚焦区，核心区的建设遵循科技创新和创新引领的原则，通过对高质量创新资源和技术成果的引入聚集和协调配置，形成大量专利和新产品等创新产出，同时将这些创新成果进行市场转化和示范推广，以带动周边示范区和辐射区的农业发展和转型升级。2018年153个园区建成的核心区总面积达到571 735公顷，平均每个园区的核心区已建成面积为3736.83公顷。其中，通化、淮安、珠海、延边和安庆的核心区面积排名居前5位。2018年核心区已建

成面积排名居前20位的园区情况如图2-9所示。

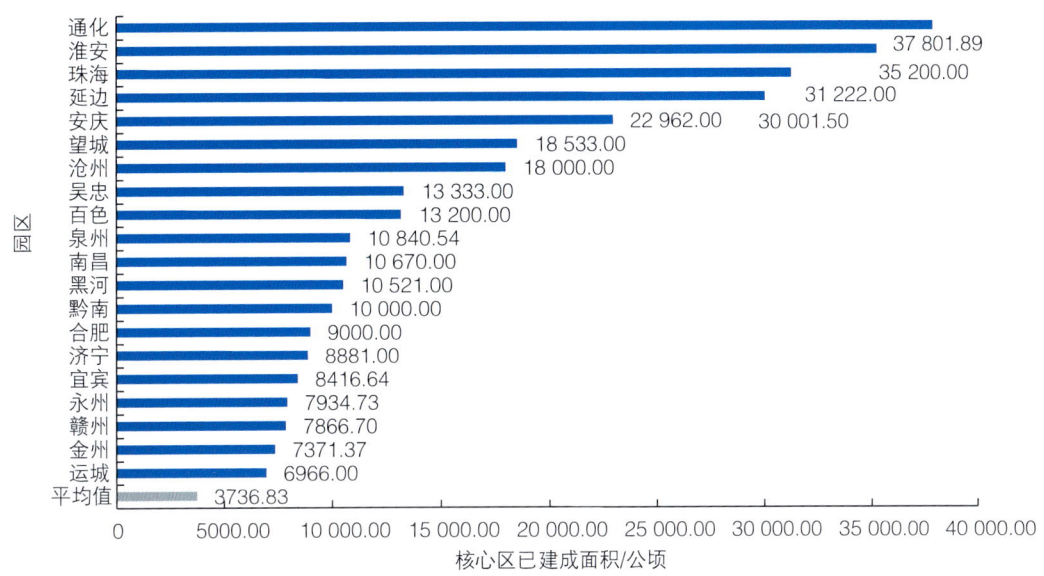

图2-9 2018年核心区已建成面积排名居前20位的园区

区域对比方面，东北园区的平均核心区已建成面积最大，达到8054.37公顷，明显高于其他3个地区，东北园区的规模优势极为明显；中部和东部园区的平均核心区已建成面积分别居第2位、第3位，高于全国平均水平；西部园区的平均核心区已建成面积则相对较小。具体如表2-5所示。

表2-5 2017年和2018年各区域园区核心区已建成面积情况

单位：公顷

地区	2017年	2018年
全国	3479.22	3736.83
东部	3310.71	3800.13
中部	3021.72	3903.65
西部	2935.82	2466.70
东北	7781.92	8054.37

与2017年相比，2018年参与评价的153个园区的核心区已建成面积有明显增加，增幅约为7.40%，表明园区处于较为快速的建设进程中。其中，中部园区的核心区建

成面积的增幅最大,增幅约为29.19%。东北园区在原有核心区面积较大的基础上,2018年核心区面积又有所扩大,对于东北园区,应该注意适度控制核心区的面积,提高核心区的土地利用效率,实现土地的集约化使用,推动园区依靠规模收益向创新增值方向发展。此外,西部园区的核心区面积略有下降,表明西部部分园区开始逐步转变发展路径,适度控制园区规模,利用技术和知识等新型要素代替传统的土地等生产要素来实现园区发展。具体如图2-10所示。

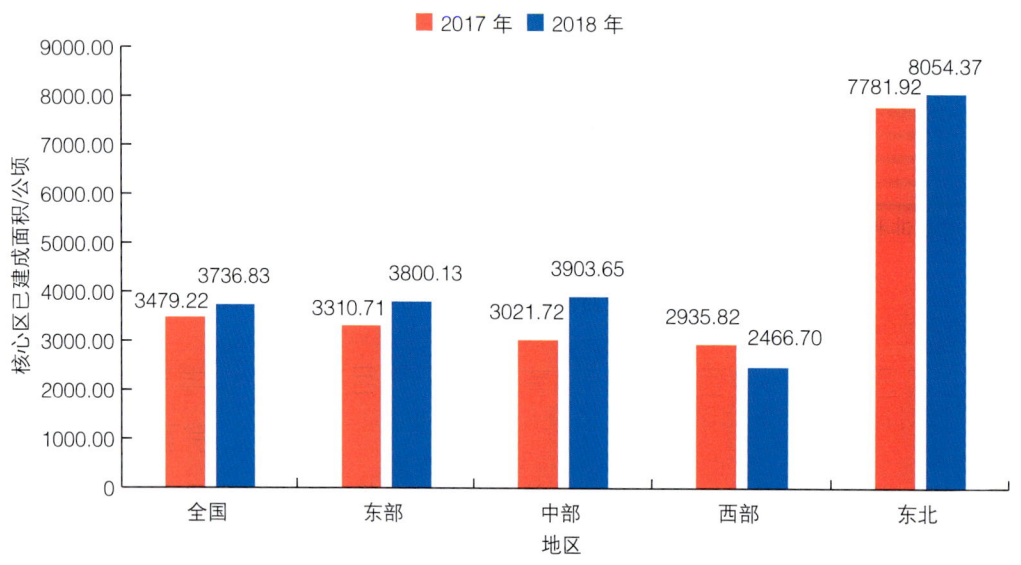

图2-10　2017年和2018年各区域园区内核心区已建成面积情况

2.园区的产业吸引力进一步增强,入驻企业数量稳步提升,东部园区的企业密度最高

企业是农业科技园区创新体系的基本微观单元,也是园区主导特色产业形成的根本,通过对创新型企业的引入和聚集能够形成园区创新产业集群,发挥园区的聚集性优势,实现园区的高质量发展。2018年全国153个园区的入驻企业总数为21 730家,平均入驻企业数量为142.03家,对比2017年(116.65家)稳步提升。其中,南通、昌吉、白马、荆州和乌鲁木齐的入驻企业数量排名前5位,当年园区平均入驻企业数量排名居前20位的园区如图2-11所示。

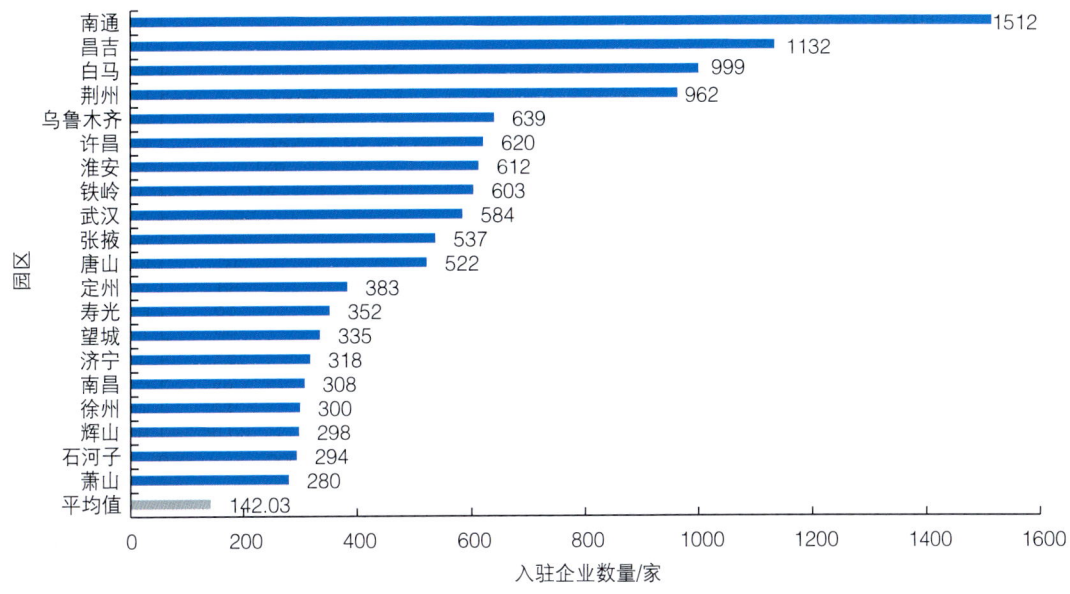

图2-11　2018年平均入驻企业数量排名居前20位的园区

区域对比方面，东部园区的平均入驻企业数量最多，达到182.52家，园区产业吸引力领先全国，招商环境具有一定优势。东北园区位居第二，但是数量较东部园区存在一定差距，两者的入驻企业数量均超过了全国水平，东部园区在核心区面积有限的情况下，企业数量优势明显，说明其具有较高的企业密度。而中部和西部园区的入驻企业数量则相对落后。具体如表2-6所示。

表2-6　2017年和2018年各区域园区入驻企业数量情况

单位：个

地区	2017年	2018年
全国	116.65	142.03
东部	139.45	182.52
中部	108.10	131.70
西部	96.74	110.37
东北	142.38	158.69

与2017年相比，参与评价的153个园区的平均入驻企业数量明显增加，增长幅度超过21%。更多的企业聚集到园区中，一方面说明园区能够给企业提供更好的发展条件，其吸引力在增强；另一方面说明企业与园区内其他企业通过互补与协作能够产生更大

的收益和价值。2018年各区域园区的平均入驻企业数量均有不同程度的增长，其中东部园区的增幅超过了30%，领先优势继续扩大。值得注意的是西部园区虽然也实现了企业数量的大幅增长，但是相较其他地区企业数量仍然较少，产业基础相对薄弱，未来需要加大企业的引入力度，打造更具竞争力的产业链群。具体如图2-12所示。

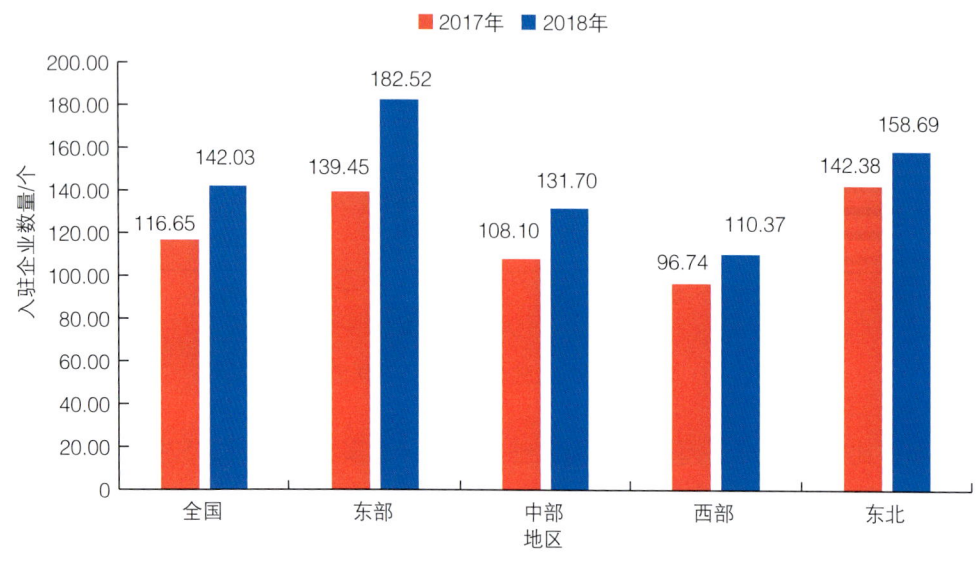

图2-12　2017年和2018年各区域园区入驻企业数量情况

四、园区创新核心要素投入状况

本报告主要通过园区的信息化投入总额和大型仪器设备原值总额指标分析园区创新核心要素投入状况，并对比2017年和2018年的园区数据，对东部、中部、西部和东北地区的园区进行综合分析。

1.园区的信息化投入总额总体增加，中部园区投入最多，西部园区次之且增幅最大，东北和东部园区投入相当

信息化建设能够有效推动区域创新能力的提升，一方面，通过信息化投入建设信息共享与分析平台，能够降低协调成本，提高沟通效率，增强园区创新主体的交流与合作，加强园区的协同创新和集成创新能力；另一方面，园区较好的信息化基础建设能够为企业的信息化建设提供良好的支撑，进而提升企业的自主创新能力。2018年

153个园区信息化建设共投入46 383.48万元,平均每个园区的投入为303.16万元。其中,日喀则、辉山、郑州、池州和昌吉园区居全国前5位。2018年信息化投入总额排名居前20位的园区如图2-13所示。

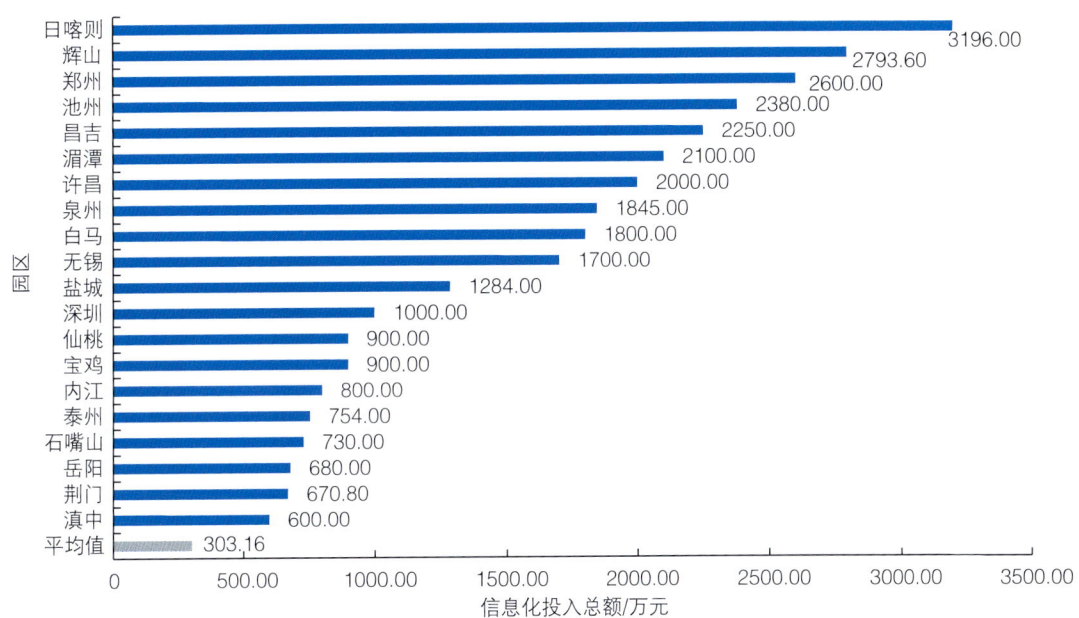

图2-13　2018年信息化投入总额排名居前20位的园区

区域对比方面,2018年153个园区中,中部园区的平均信息化投入领先全国园区,达到331.12万元,西部园区次之,为311.28万元,两者都高于全国平均水平;东北园区和东部园区分别为287.93万元和272.76万元,基本持平且略低于全国平均水平,具体如表2-7所示。

表2-7　2017年和2018年各区域园区信息化投入情况

单位:万元

地区	2017年	2018年
全国	273.12	303.16
东部	300.25	272.76
中部	315.50	331.12
西部	224.73	311.28
东北	239.90	287.93

与2017年相比，2018年153个园区的信息化投入有明显增长，增幅超过10%。其中，中部、西部和东北园区均加大了信息化的投资力度，投入金额有了明显增长。尤其是西部园区，其增幅最大，达到38.51%。而东部园区由于前期信息化投入较大，信息化基础建设已经较为成熟，因此，本年度的信息化投入略有下降。具体如图2-14所示。

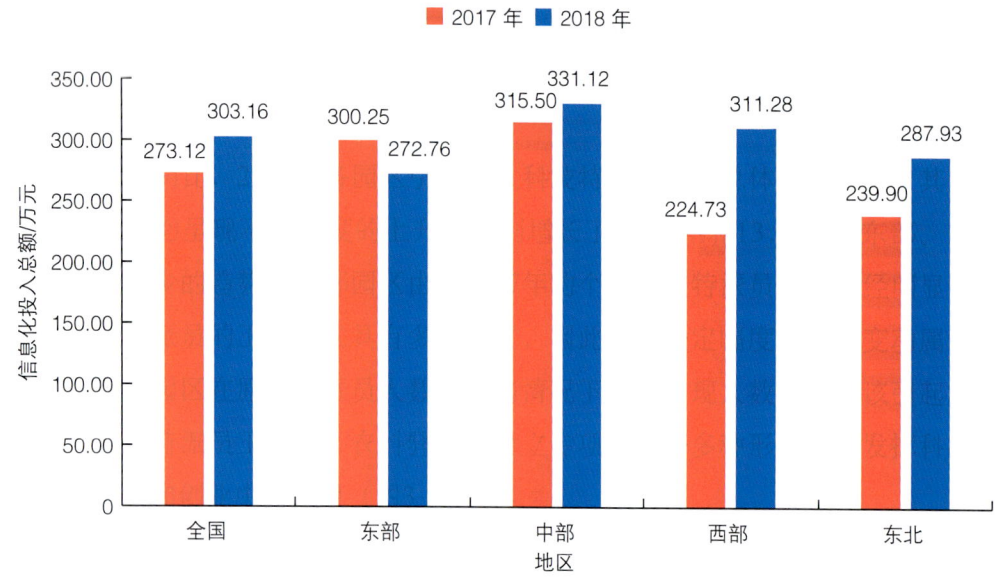

图2-14　2017年和2018年各区域园区信息化投入情况

2.园区内大型仪器设备原值总额总体有所增加，东部园区增幅最大，中部次之，东北园区和西部园区略有增长

大型仪器设备是开展科研创新的必要基础和支撑，在科技创新方面有着标志性意义，因此，对园区的评价往往把大型仪器设备原值总额作为评价园区企业在创新投入方面的重要基础性指标。2018年153个园区大型仪器设备原值总额为193.04亿元，平均每个园区1.26亿元。其中，通化、邯郸、雅安、武汉和济宁园区排名居全国前五，2018年大型仪器设备原值总额排名居前20位的园区如图2-15所示。

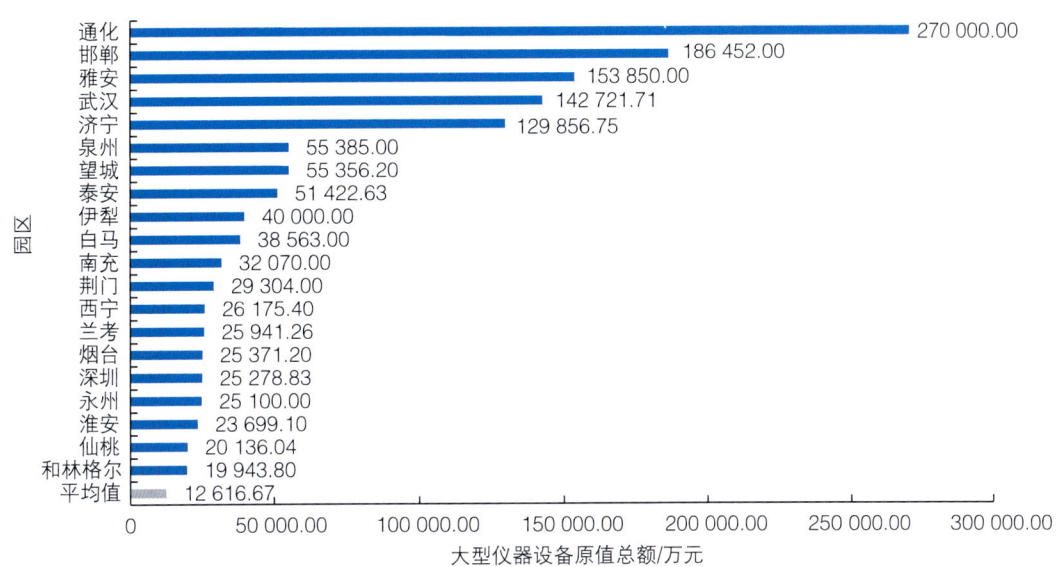

图2-15 2018年大型仪器设备原值总额排名居前20位的园区

区域对比方面，2018年153个园区中，东北园区大型仪器设备原值总额平均最高，达到2.36亿元，远超全国平均水平；东部园区紧随其后，原值总额为1.63亿元，高于全国平均水平；中部园区和西部园区原值总额较低，分别为1.15亿元和0.75亿元。具体如图2-16所示。

表2-8　2017年和2018年各区域园区大型仪器设备原值总额情况

单位：万元

地区	2017年	2018年
全国	10 812.89	12 616.67
东部	12 311.32	16 257.57
中部	9574.59	11 549.03
西部	7496.04	7501.23
东北	22 918.69	23 644.59

与2017年相比，2018年153个园区的大型仪器设备原值总额增加了1803.78万元，增幅为16.68%。其中，东部园区增加3946.25万元，增幅达到32.05%，其增幅最大；中部园区增加1974.44万元，增幅为20.62%；东北园区增加725.90万元，增幅为

3.17%；西部园区增加5.19万元，增幅达到0.07%（图2-16）。

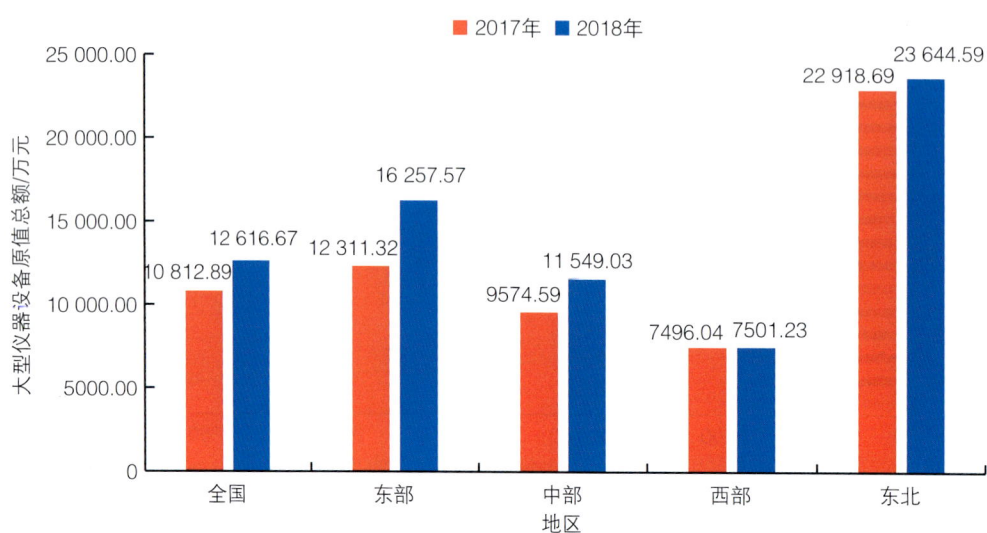

图2-16　2017年和2018年各区域园区大型仪器设备原值总额情况

五、小结

创新资源投入是创新能力形成和创出成果产出的基础，同时对于资源的使用和配置水平，又是园区创新能力的重要体现。本章结合园区内企业R&D经费投入强度、园区内企业研发人员数量、园区当年地方政府投入、园区当年建设总投入、园区内核心区已建成面积、园区内入驻企业总数、园区当年信息化投入总额和园区内大型仪器设备原值总额等方面的指标对153个园区的创新资源投入状况进行了分析，并得出以下结论。

①园区内企业R&D经费投入强度增强，东部园区投入强度最高，西部园区投入强度增幅最大。

②园区内企业研发人员数量总体增加，东部园区研发人员最多，西部园区增长明显。

③园区当年地方政府投入总体有所减少，中部园区高于全国园区平均水平。

④园区当年建设总投入增加，东北园区总投入最多，且增幅最大，东部和中部园区高于全国园区平均水平。

⑤园区内核心区已建成面积有所增加，东北园区的规模优势较为明显，中部园区的核心区建设进程较快。

⑥园区的产业吸引力进一步增强，入驻企业数量稳步提升，东部园区的企业密度最高。

⑦全国各园区信息化投入总额总体增加，中部园区投入最多，西部园区次之且增幅最大，东北和东部园区投入相当。

⑧大型仪器设备原值总额总体有所增加，东部园区增幅最大，中部次之，东北园区和西部园区略有增长。

2017年和2018年园区创新资源投入情况的对比，具体如雷达图2-17所示。

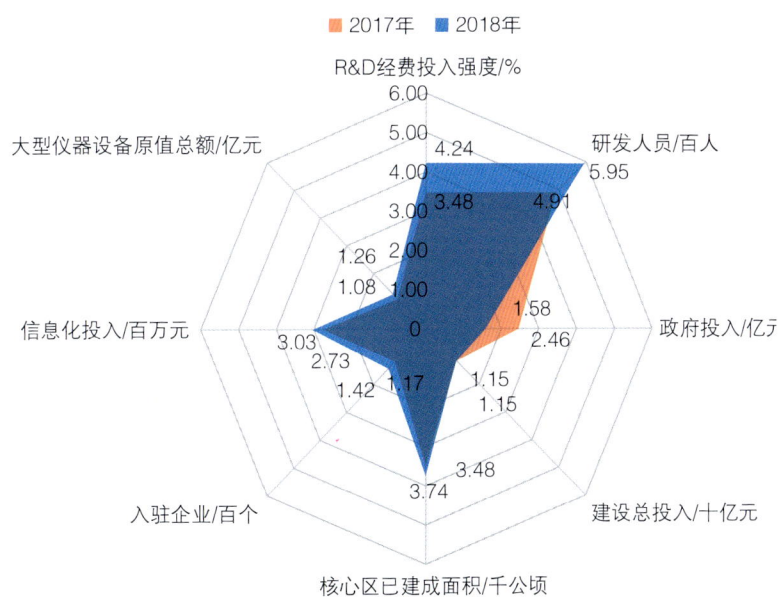

图2-17　2017年和2018年园区创新资源投入情况对比

国家农业科技园区创新能力评价报告2019

第三章

国家农业科技园区创新能力分项评价

——创新驱动支撑评价

园区的创新创业环境是影响园区创新能力的重要外部因素，通过为园区的创新主体提供良好的技术环境、市场环境和金融环境等，对于园区的创新创业活动有重要的支撑和推动作用。创新主体之间的合作、技术中介和市场中介的服务，以及金融资本的支持在园区的创新成果形成、转化和推广过程中发挥着重要作用，而创业孵化器为园区的农业创业提供良好的技术、场地和资金等支持。技术服务环境、市场运作环境、金融支持环境和创业服务环境共同组成了园区的创新驱动支撑要素。本章从创新创业孵化服务状况、自主与合作创新状况、科技与金融服务状况等方面对园区的创新驱动支撑状况进行衡量。

一、园区创新创业孵化服务状况

本报告主要采用科技企业孵化器数量指标分析评价园区的创新创业孵化服务情况，并对比2017年和2018年的园区数据，对东部、中部、西部和东北园区进行综合分析。

各园区备案的科技企业孵化器数总体下降，东部园区孵化器数略有增长

科技企业孵化器是培育和扶持高新技术中小企业的服务机构，对于推动高新技术产业发展、完善国家和区域创新体系、繁荣经济发挥着重要作用。2018年153个园区内备案的科技企业孵化器总数量为545个，平均每个园区拥有的科技孵化器数量为3.56个。其中，济宁、贵阳、辉山、怀化、和田园区拥有的科技孵化器数量排名居前5位，济宁园区的领先优势较为明显。2018年备案科技企业孵化器数排名居前20位的园区如图3-1所示。

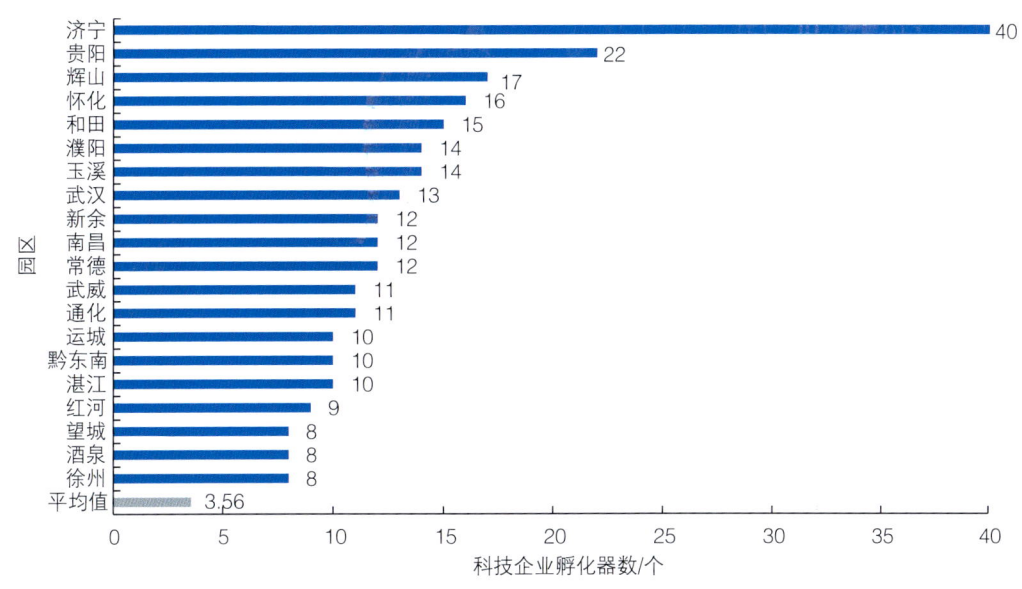

图3-1　2018年备案科技企业孵化器数排名居前20位的园区

区域对比方面，2018年153个园区中，中部园区的科技企业孵化器数为4.33个，领先全国其他区域的园区；而东部、西部和东北园区的科技企业孵化器数均未超过4个，其中，东北园区的科技企业孵化器数最少。具体如表3-1所示。

表3-1　区域园区备案科技企业孵化器数对比

单位：个

地区	2017年	2018年
全国	4.03	3.56
东部	3.16	3.30
中部	5.16	4.33
西部	3.84	3.40
东北	4.50	2.62

与2017年相比，2018年153个园区的科技企业孵化器数减少了0.47个，降幅为11.66%。东部园区的科技企业孵化器数相对于2017年略有增加，其他区域园区的科技企业孵化器数均有所下降，其中，东北园区其降幅最大，减少了41.78%，具体如图3-2所示。

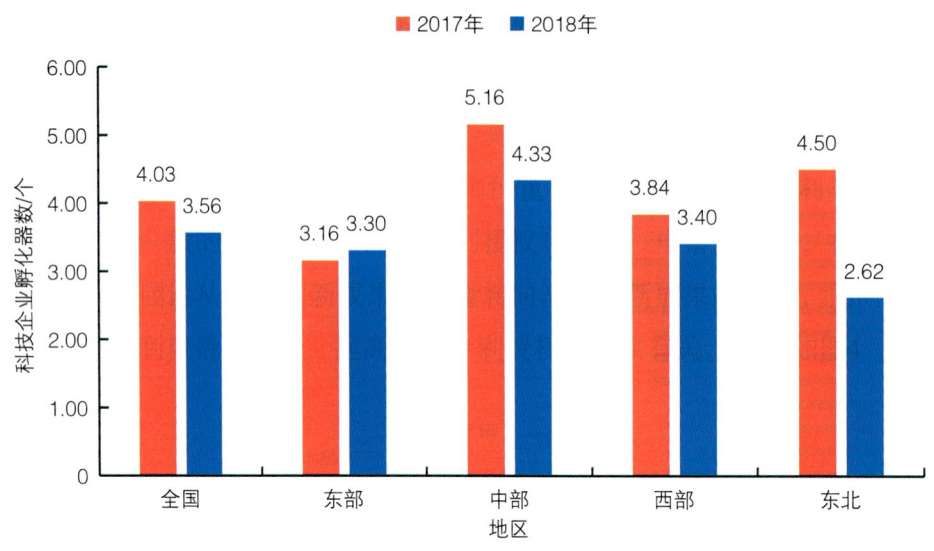

图3-2　2017年和2018年各区域园区备案科技企业孵化器数对比

二、园区自主与合作创新状况

本报告主要采用园区拥有省部级以上研发机构数量、创新创业服务机构数量和产学研合作项目数量3个指标分析园区的自主与合作创新状况，并对比2017年和2018年的园区数据，以及对东部、中部、西部和东北园区的相关状况进行综合分析。

1.园区拥有省部级以上研发机构数量总体略有下降，东北园区研发机构数量明显增多

科技研发平台是科技创新活动的重要载体。近年来，园区注重科技创新与转化能力建设，已逐渐建成以企业为主体，国家、省、地市共建的研发创新平台体系，科技创新条件和创业服务能力大大提升。2018年153个园区拥有省部级以上研发机构总数达到1480个，平均每个园区拥有的数量为9.67个。其中，武汉、济宁、泰安、辉山和白马等园区的省部级以上研发机构数量依然保持领先优势。尤其是武汉园区，其拥有的省级以上研发机构数量达到267个，远领先于其他园区，武汉园区平台优势是其卓越创新能力的重要支撑和来源，2018年拥有省部级以上研发机构数量排名居前20位的园区如图3-3所示。

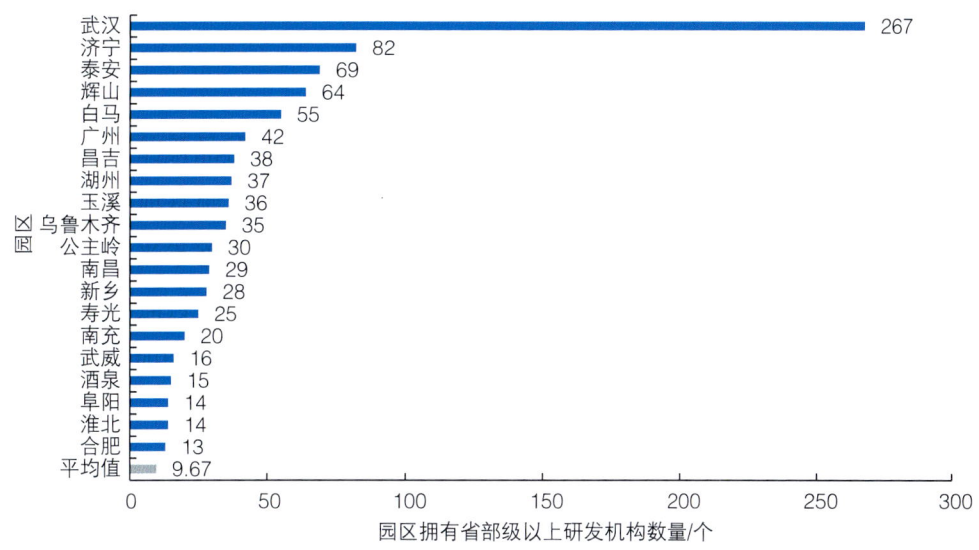

图3-3　2018年拥有省部级以上研发机构数量排名居前20位的园区

区域对比方面，2018年153个园区中，中部园区拥有省部级以上研发机构数量最多，达到12.31个，超越了东部园区，其研究平台建设领先全国。东部与东北园区的研发机构数量分别为10.78和9.85个，也均超过了全国平均水平。而西部园区的研发机构数量只有6.52个，远低于全国平均水平。因此，加强西部园区的研发平台建设和研发机构引入是其提升创新能力的当务之急。具体如表3-2所示。

表3-2　区域园区拥有省部级以上研发机构数量对比

单位：个

地区	2017年	2018年
全国	10.07	9.67
东部	13.40	10.78
中部	12.05	12.31
西部	5.92	6.52
东北	8.54	9.85

与2017年相比，2018年各区域园区拥有省部级以上研发机构数量相对于2017年减少了0.4个，数量基本持平，这说明园区内研发机构数量有增有减，研发机构的调整

很大程度上与园区的主导产业转型升级相关。因此，对比发现，东部园区的研发机构数量略有下降，东部地区也是农业转型升级的排头兵，其创新资源更多向主导特色产业集中。而中部、西部和东北园区的省部级以上研发机构数量均有小幅增长，其中东北园区的增幅最大，约为15.34%。具体如图3-4所示。

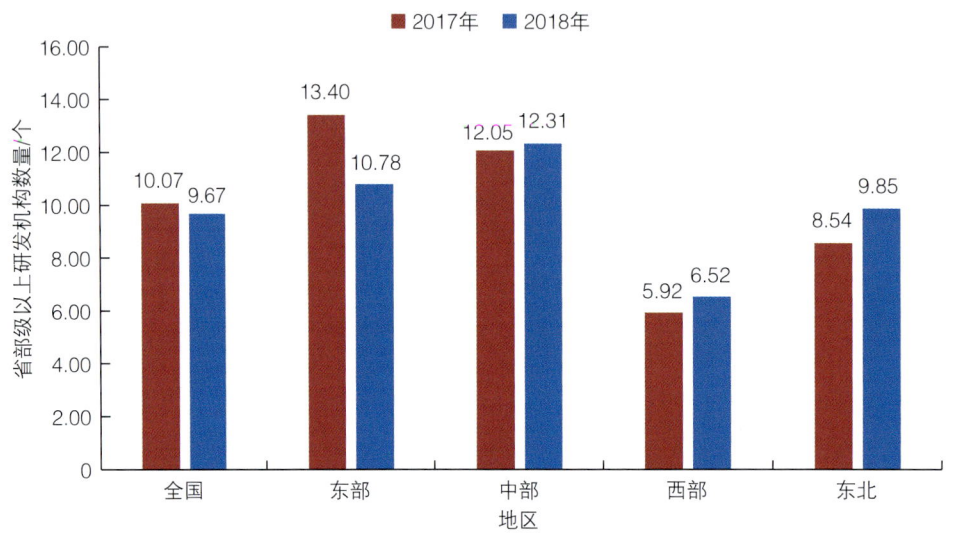

图3-4　2017年和2018年各区域园区拥有省部级以上研发机构数量对比

2.园区拥有创新创业服务机构数量总体有所增加，西部园区的增长态势良好

创新创业服务机构的设立能够为园区的创新研发与转化及农业科技创业提供全方位、高品质、低成本的专业性创新创业指导及支持，是为园区创新创业活动创造良好发展环境的重要载体。2018年全国153个园区拥有的创新创业服务机构总数达到1279个，平均每个园区拥有的创新创业服务机构数量为8.36个。其中，济宁、玉溪、红河、西宁和昌吉园区拥有的创新创业服务机构数量排名居前5位。尤其是济宁园区，其创新创业服务机构数量达到125个，是全国唯一超过100家机构的园区，全方位的创新创业服务有效地助力了园区的创新能力提升，让济宁园区长期在一流园区中占有一席之地。2018年拥有创新创业服务机构数量排名居前20位的园区如图3-5所示。

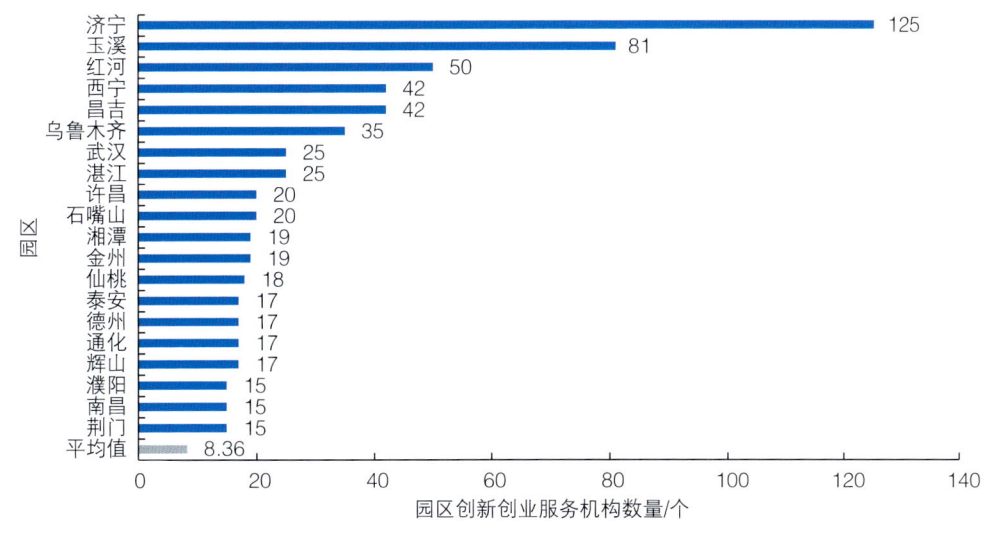

图3-5 2018年各类创新创业服务机构数量排名居前20位的园区

区域对比方面,2018年153个园区中,西部园区平均拥有的创新创业服务机构数量最多,达到9.37个,东部园区次之,与西部园区相差不大,东部和西部园区总体上为园区的创新创业活动提供了较好的服务体系。而中部园区的创新创业服务机构数量仅有7.14个,与全国平均水平存在一定差距。具体如表3-3所示。

表3-3 区域创新创业服务机构数量对比

单位:个

地区	2017年	2018年
全国	7.12	8.36
东部	7.83	8.61
中部	6.19	7.14
西部	6.47	9.37
东北	8.54	7.38

与2017年相比,2018年各区域园区平均拥有的创新创业服务机构数量总体上呈现增长趋势,增幅达到17.42%。其中,东部、中部、西部园区均有不同程度的增长,东北园区呈现下降趋势。尤其是西部园区,其创新创业服务机构数量增加了2.90个,增幅最大,为44.82%,而东北园区平均拥有的创新创业服务机构数量有所下降,这既是创新创

业服务机构经过前期的快速扩张后的正常调整，也与园区的创新环境有关（图3-6）。

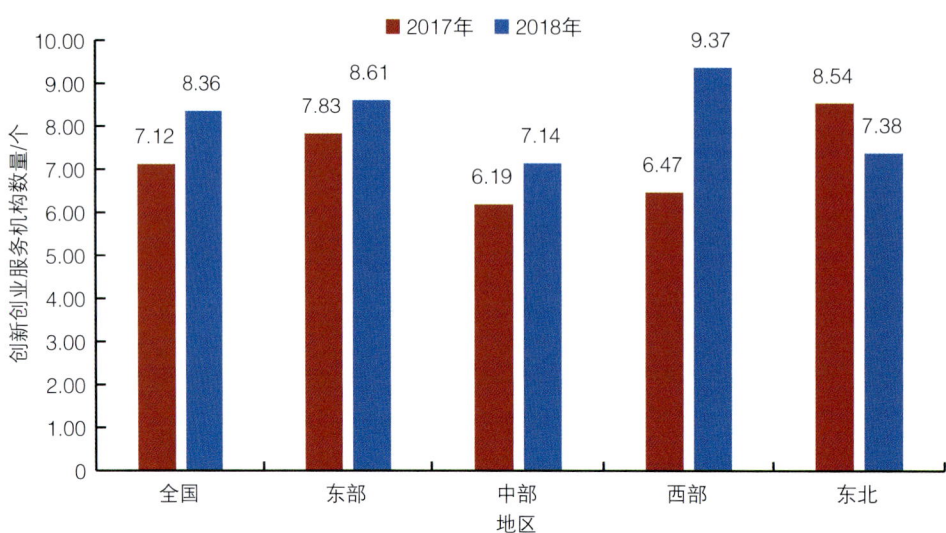

图3-6　2017年和2018年各区域创新创业服务机构数量对比

3.园区产学研合作项目数量总体有所降低，西部和东北园区的合作创新活跃度有待提升

产学研合作是通过企业、学校、科研机构等相互配合，发挥各自优势，形成强大的研究、开发、生产一体化的先进系统并在运行过程中体现出综合优势。园区加强产学研合作可以促进创新资源优势的协同与集成化，实现创新过程上、中、下游的对接与耦合，从而提升园区的创新过程效率和成果产出。2018年153个园区开展产学研项目合作的总数达到5920个，平均每个园区开展的产学研合作项目数量为38.69个。其中，武汉、广州、固原、玉溪和滁州的产学研合作项目数量排名前五，尤其是武汉、广州两个园区的产学研合作活动非常活跃。2018年产学研合作项目数量排名居前20位的园区如图3-7所示。

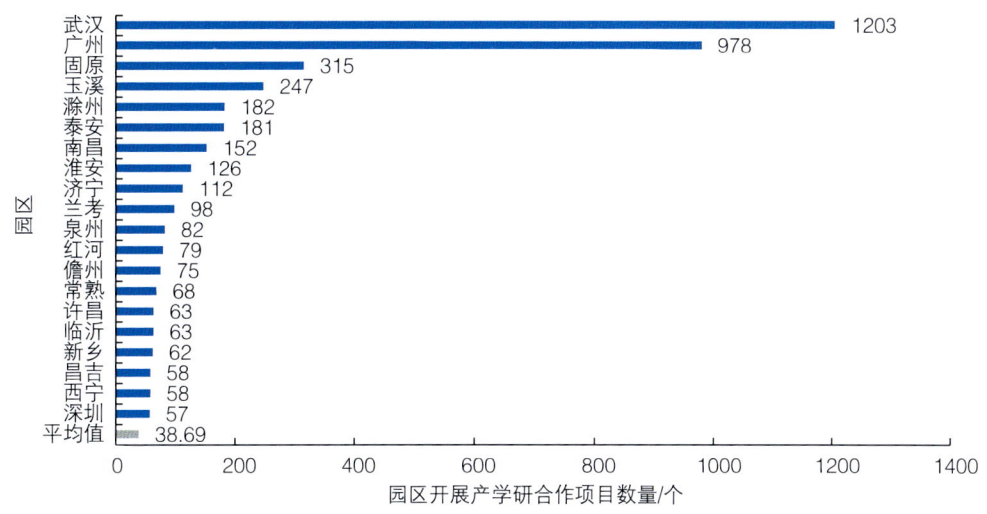

图3-7 2018年开展产学研合作项目数量排名居前20位的园区

区域对比方面，2018年153个园区中，中部园区的产学研合作项目数量最高，达到53.86个，依旧保持了很高的产学研活跃度，并且远高于全国平均水平，东部园区次之。而西部和东北园区的产学研合作项目数与东部、中部差距较大，尤其是东北园区，其产学研合作项目数量不足中部地区的1/4，下一步需要拓展园区的创新网络，加强与高校和科研院所的创新合作。具体如表3-4所示。

表3-4 区域园区产学研合作项目数量对比

单位：个

地区	2017年	2018年
全国	42.23	38.69
东部	53.13	49.43
中部	65.02	53.86
西部	20.15	23.49
东北	19.23	12.46

与2017年相比，2018年各区域园区当年的产学研合作项目数量总体呈现下降趋势。其中，西部园区是产学研合作项目唯一有所增加的区域，但是其仍需继续加强产学研合作，西部园区由于所处的区位，其区域内的高水平高校和科研院所的数量

相对有限，需要注意打破地域限制，加强跨区域的产学研合作，形成分布式创新的思维和理念。而东部、西部和东北园区的产学研合作项目数量均有不同程度下降，东部和中部由于2017年的产学研合作项目已经非常多，因此，本年度略有减少属于正常的波动。但东北园区在上一年度项目数不多的情况下，2018年仍有明显减少，需要通过成果转让、技术开发、人才培养、共建实体和战略联盟等多种模式，重点推进园区的产学研合作工作，通过一体化的集成创新提升园区创新产出和绩效。具体如图3-8所示。

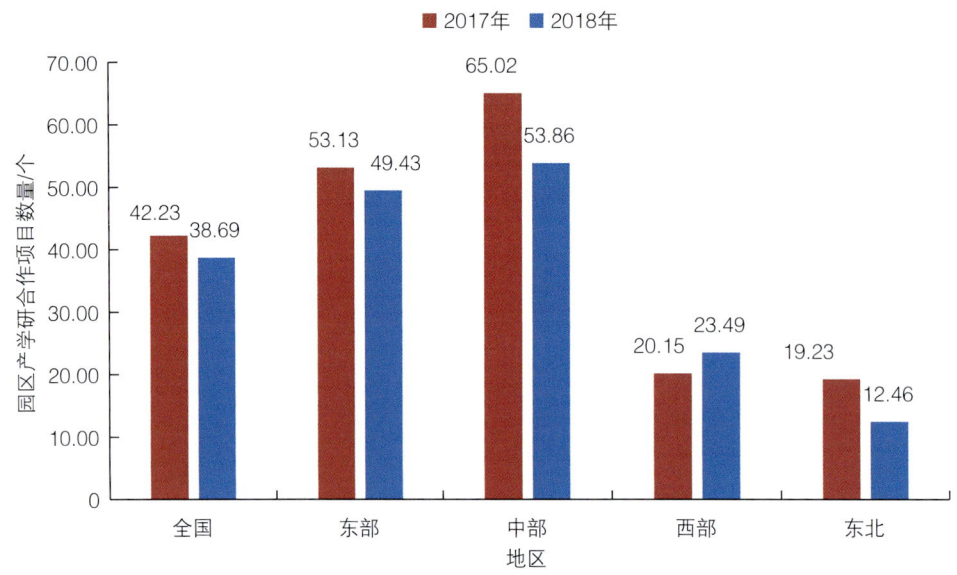

图3-8　2017年和2018年各区域园区产学研合作项目数量对比

三、园区创新的科技与金融服务状况

本报告通过对当年引进个人特派员和当年金融机构贷款总额指标的分析，对园区创新的科技与金融服务状况进行评价。并对比2017年和2018年园区数据，以及对东部、中部、西部和东北园区相关状况进行综合分析。

1.各园区引进个人特派员数量总体增加，其中西部园区增幅最大

国务院办公厅印发《关于深入推行科技特派员制度的若干意见》中赋予了科技特派员3项重要任务：一是切实提升农业科技创新支撑水平；二是完善新型农业社会化

科技服务体系；三是加快推动农村科技创业和精准扶贫。近年来，各地大力推进科技特派员科技创业行动，大批科技特派员（团）到园区领办、创办各类科技型产业或者科技服务组织，并组织开展了各类科技创业项目，园区成为科技特派员科技创业和服务的基地。科技特派员已逐渐成为国家农业科技园区的主力军和生力军，在科技成果转化中发挥着重要作用，显著提升了园区的农业科技创业能力和水平。2018年153个园区引进的个人科技特派员数量达到13 482人，平均每个园区引进的个人科技特派员数量达到88.12人。其中，济宁、酒泉、吕梁、定州和德州排名前五，并且济宁、酒泉依然保持领先位置，个人科技特派员数量均超过了600人。2018年引进个人科技特派员数量排名居前20位的园区如图3-9所示。

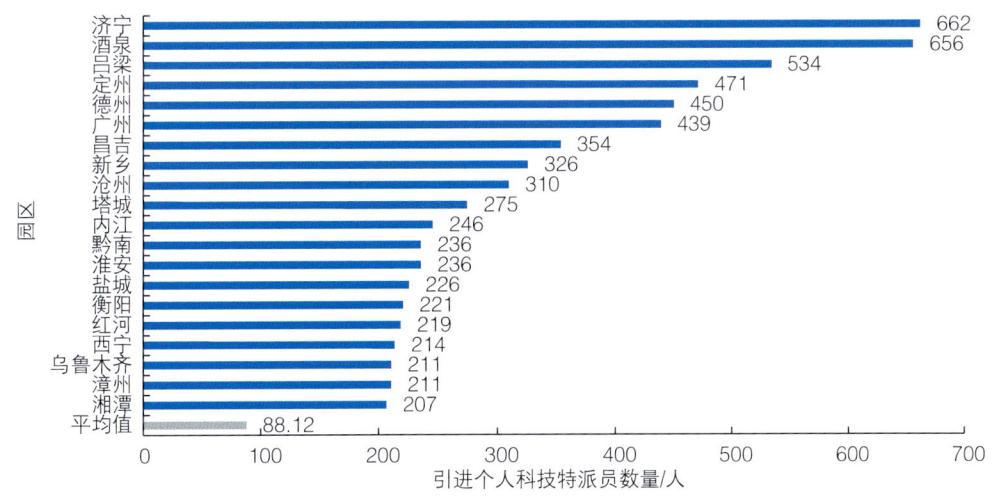

图3-9　2018年引进个人科技特派员数量排名居前20位的园区

区域对比方面，东部园区的平均个人科技特派员数量最多，达到115.46人，西部园区次之，也达到了100.02人，平均人数均超过百人。而中部和东北园区的平均个人科技特派员人数远低于全国平均水平，尤其是东北园区，个人科技特派员数量仅有21.83人，不及东部园区的1/5（表3-5）。

表3-5 区域园区引进个人科技特派员数量对比

单位：人

地区	2017年	2018年
全国	86.96	88.12
东部	123.32	115.46
中部	52.24	63.95
西部	87.85	100.02
东北	24.85	21.83

与2017年相比，2018年各园区引进个人科技特派员数量总体小幅增长。其中，中部和西部区域均呈现不同程度的上升，分别增长了22.42%和13.85%。东部、东北部区域呈现出减少的趋势。东部园区由于2017年的个人科技特派员数量已经明显领先全国，而科技特派员的工作模式具有多种形式，因此出现一定幅度的人员变动属于正常现象。而东北园区在原有特派员人数不多的情况下，仍出现人数减少应该引起重视，需要通过科技特派员工作站、农科驿站和设立专项资金等多种形式充分发挥科技特派员在科技推广和创业中的作用（图3-10）。

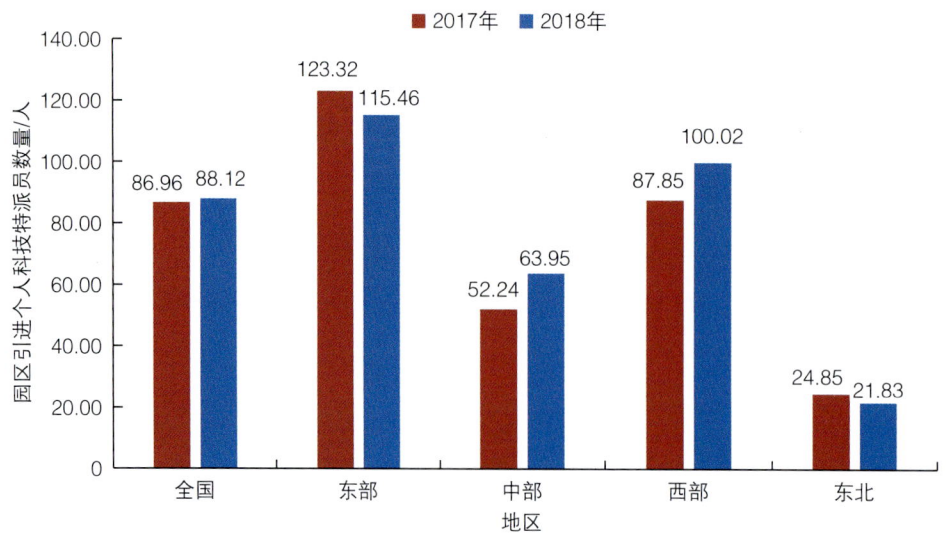

图3-10 2017年和2018年各区域园区引进个人科技特派员数量对比

2.各园区当年的金融机构贷款总额总体大幅增加，其中东部园区领先全国，且增幅最大，西部和东北园区有所减少

农业科技创新具有不可控因素多、回报周期长、不确定性大的特点，因此，需要大量资金投入才能为农业的创新发展提供保障。目前，仅仅依靠财政资金投入推动园区的创新发展是远远不够的，需要积极引入各类金融机构，采用多种形式为园区的农业科技创新研究和应用转化提供资金支持。2018年153个园区的金融机构贷款总额达到48.38亿元，平均每个园区的金融机构贷款总额为31 622.08万元。其中，深圳、三河、济宁、贵阳和白马园区的金融机构贷款总额排名前五，2018年金融机构贷款总额排名居前20位的园区如图3-11所示。

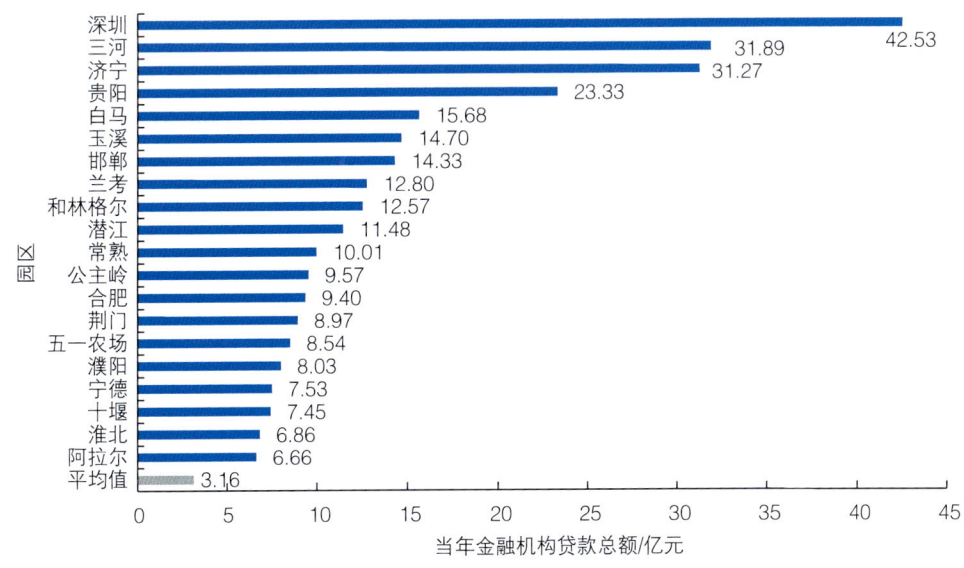

图3-11　2018年金融机构贷款总额排名居前20位的园区

区域对比方面，东部园区的当年金融机构平均贷款总额为43 887.72万元，其金融支撑的力度领先全国其他园区，也是唯一超过全国平均水平的区域。而中部、西部和东北园区的金融机构贷款总额均低于全国平均水平。其中，东北园区的金融机构贷款总额仅有20 745.85万元，数额不足东部园区的一半（表3-6）。

表3-6 区域金融机构贷款总额对比

单位：万元

地区	2017年	2018年
全国	27 739.07	31 622.08
东部	28 067.27	43 887.72
中部	24 275.38	30 456.62
西部	30 169.94	24 432.09
东北	27 433.24	20 745.85

与2017年相比，2018年各区域园区金融机构贷款总额总体呈现上升趋势。其中，东部、中部园区均呈现出不同程度增长，尤其是东部园区，其金融机构贷款总额增加了15 820.45万元，增幅超过56%，而西部、东北园区的金融机构贷款总额呈现减少趋势，尤其是东北园区，其降幅约为24%。金融支撑是服务科技创新的重要力量，对于科技创新有着重要影响，因此，西部和东北园区未来需要采取多种途径加大园区创新的金融支持力度，具体如图3-12所示。

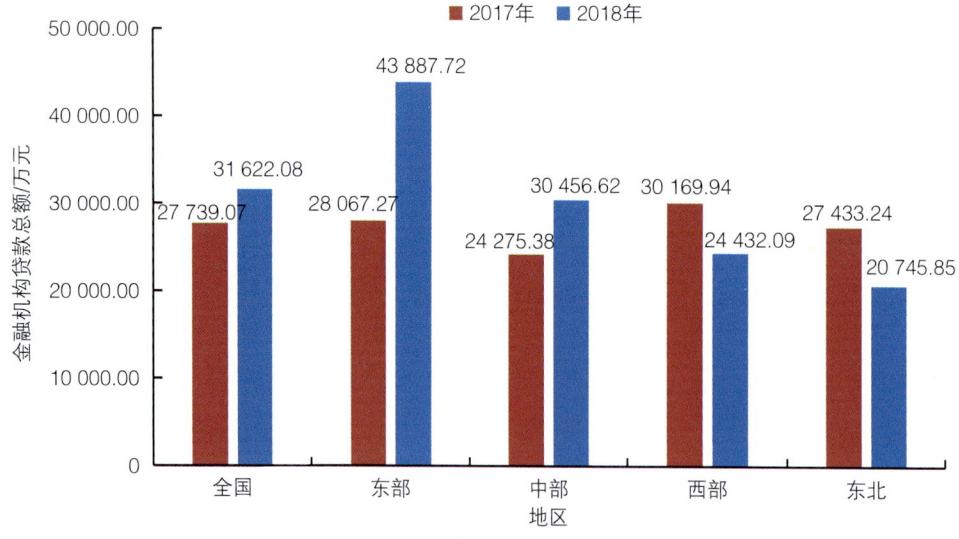

图3-12 2017年和2018年各区域金融机构贷款总额对比

四、小结

园区的创新驱动支撑是园区创新环境中的关键因素，这些因素影响着园区的创新过程和创新效率，是园区能够持续创新的重要保证。本章结合创新创业孵化服务状况、自主与合作创新状况、科技与金融服务状况等方面的指标对153个园区的创新驱动支撑进行了核算，并得出以下结论。

①各园区备案的科技企业孵化器数全国平均呈现下降趋势。其中，中部、西部、东北区域均呈现不同程度的下降，东部区域呈现上升趋势。

②园区拥有省部级以上研发机构数量全国平均呈下降趋势。其中，中部、西部、东北区域均呈现不同程度的增长，东部区域呈现下降趋势。

③园区拥有各区域创新创业服务机构数量全国平均呈现上升趋势。其中，东部、中部、西部区域均有不同程度的增长，东北区域有较大幅下降。

④园区开展产学研合作项目数量全国平均呈现下降趋势。其中，东部、中部、东北区域均呈现不同程度的下降，西部区域呈现上升趋势，且西部和东北园区的合作创新活跃度仍有待提升。

⑤园区引进个人科技特派员数量全国平均呈现上升趋势。其中，西部、中部区域均呈现不同程度上升，东部、东北区域呈现下降趋势。

⑥金融机构贷款总额全国平均呈现上升趋势。西部和东北园区有所下降，中部和东部园区有所上升，东部园区上升幅度较大。

2017年和2018年园区创新驱动支撑情况的对比情况具体如雷达图3-13所示。

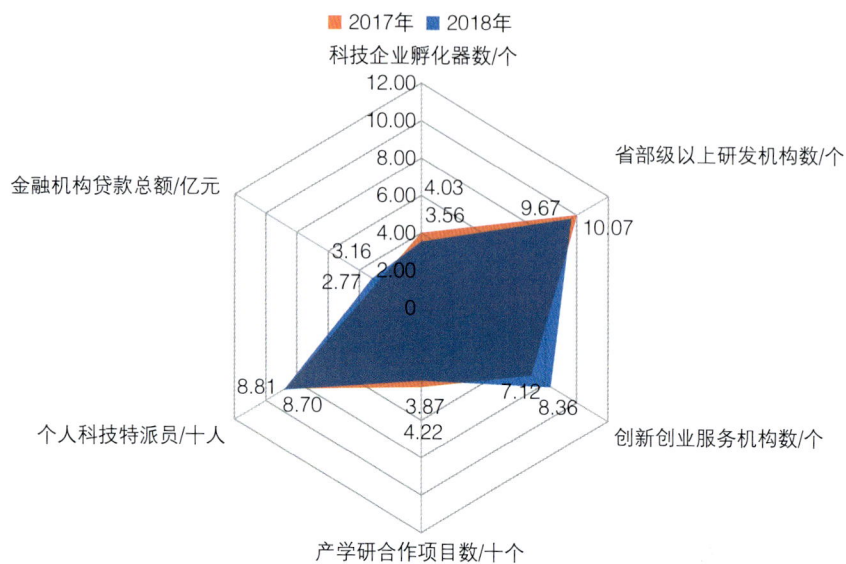

图3-13 2017年和2018年园区创新驱动支撑情况对比

国家农业科技园区创新能力评价报告2019

国家农业科技园区

第四章

创新能力分项评价

——创新成果产出评价

创新成果产出是国家农业科技园区创新能力的科技原动力与外在表现，反映了园区的自主创新水平，是物化成果的体现，也是创新资源转换过程的直接产出。评价报告的创新成果产出评价主要涉及3个方面：园区自主创新能力状况、园区品种和品牌认定状况和园区的企业培育和升级情况。在评价中具体使用5个指标来反映3个方面园区的创新发展状况，分别是授权发明专利数、通过审定的新品种数、"三品一标"数、园区在孵企业数、当年园区新认定的高新技术企业数。

一、园区自主创新能力状况

本报告采用授权发明专利数作为衡量园区自主创新能力的主要指标，并对比2017年和2018年的园区数据，以及对东部、中部、西部和东北地区的园区相关状况进行综合分析。

园区的平均授权发明专利由"重量"向"重质"转变，中部园区的平均授权发明专利数最多

园区授权发明专利数在一定程度上反映了科研活动的积极性和活跃程度，可作为评价园区自主创新能力的一个重要参考性指标。2018年全国153个园区授权发明专利总数为2479件，平均每个园区的授权发明专利数为16.20件。其中，武汉、白马、湄潭、郑州和荆州园区的授权发明专利数排名居前5位。尤其是武汉和白马两个园区，其授权发明专利的数量均超过了200个，明显领先其他园区。授权发明专利数与园区的科研力量支撑有很大关系，武汉的研发机构数位居全国第一，加之有华中农业大学、武汉大学和华中科技大学等高校给予科技支撑，园区的科技研发能力雄厚。而

白马园区的科研机构数量位居前五，再加上与南京农业大学、南京林业大学的科研合作，自主创新能力得到不断提升。2018年授权发明专利数排名居前20位的园区如图4-1所示。

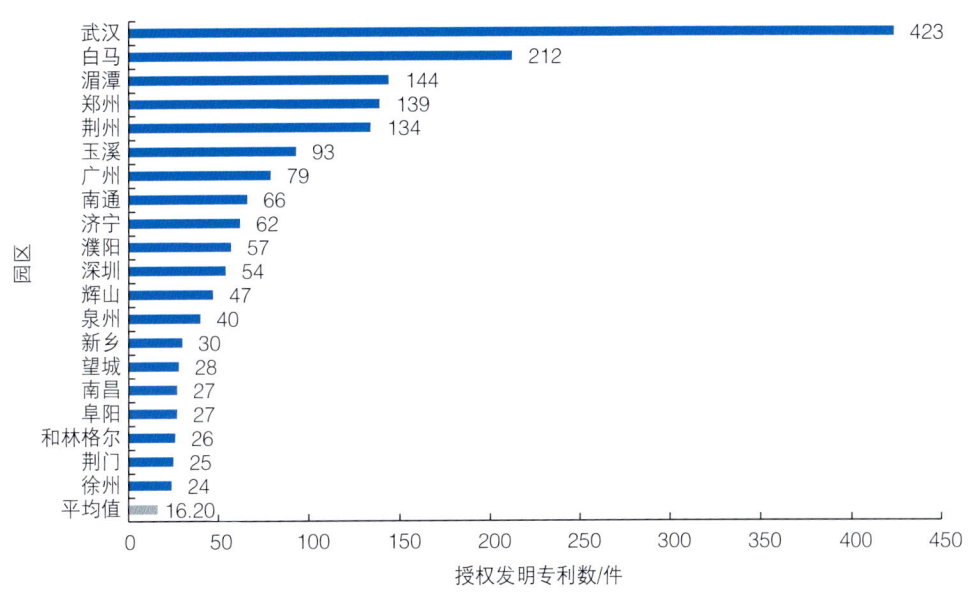

图4-1 2018年授权发明专利数排名居前20位的园区

区域对比方面，中部园区当年授权的发明专利数平均值最多，为25.02件，相对全国其领先优势极为明显，东部园区次之。而西部和东北园区当年授权的发明专利数平均值较少，分别为9.10件和8.00件，不足中部园区的1/2，区域差距显著，具体如表4-1所示。

表4-1 区域当年授权的发明专利数平均值对比

单位：件

地区	2017年	2018年
全国	21.68	16.20
东部	31.82	18.33
中部	25.27	25.02
西部	11.41	9.10
东北	14.82	8.00

与2017年相比，2018年各区域园区的授权发明专利数平均值有所下降。其中，东部园区有非常明显的下降，降幅达到73.60%，而中部园区授权发明专利数最多，领先其他区域的园区，相对于2017年大体持平。其他地区园区授权专利数均有不同程度的下降。授权发明专利数是园区自主创新能力的重要标志，作为3种专利类型中含金量最高的专利，比一般的实用专利、外观专利授权难度大、申请周期长。授权发明专利数的下降，代表园区从注重创新成果的数量转向注重创新成果的质量，同时也与我国开始注重发明专利申请的质量、提高发明专利授权的门槛有关。具体如图4-2所示。

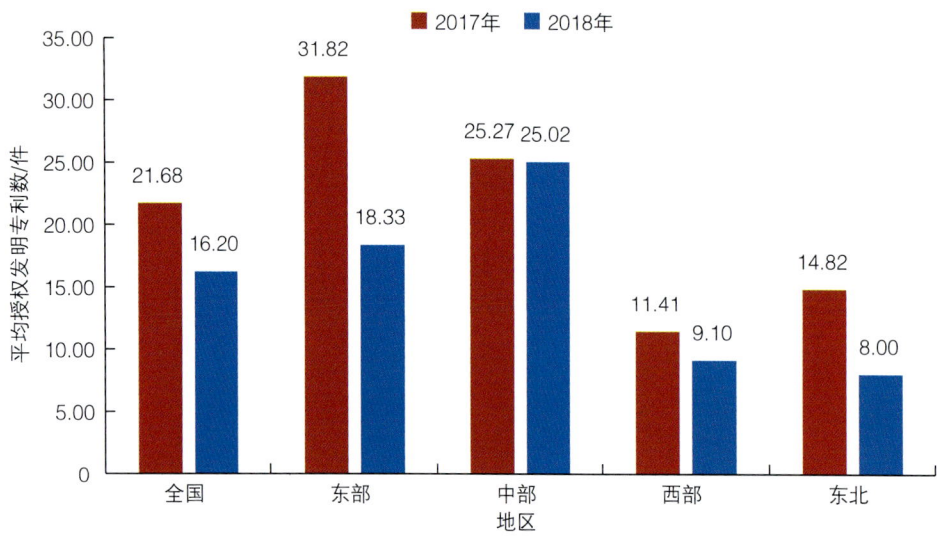

图4-2 区域平均授权发明专利数对比

二、园区品种和品牌认定状况

本报告对园区当年通过审定的新品种数和拥有"三品一标"数指标的分析来评价园区的创新产出能力。并对比2017年和2018年的园区数据，以及对东部、中部、西部和东北地区的园区进行综合分析。

1. 2018年园区当年通过审定的新品种数有所减少，东北园区当年通过审定的新品种数减少较多

通过审定的新品种数既在一定程度上代表了园区的创新能力，又为下一步的示范推广奠定了物质基础。2018年153个园区当年通过审定的新品种总数量达到1287个，平均每个园区当年通过审定的新品种数为8.41个。其中，武汉、广州、酒泉、玉溪、通州园区当年通过审定的新品种数排名居前5位。2018年通过审定的新品种数排名居前20位的园区如图4-3所示。

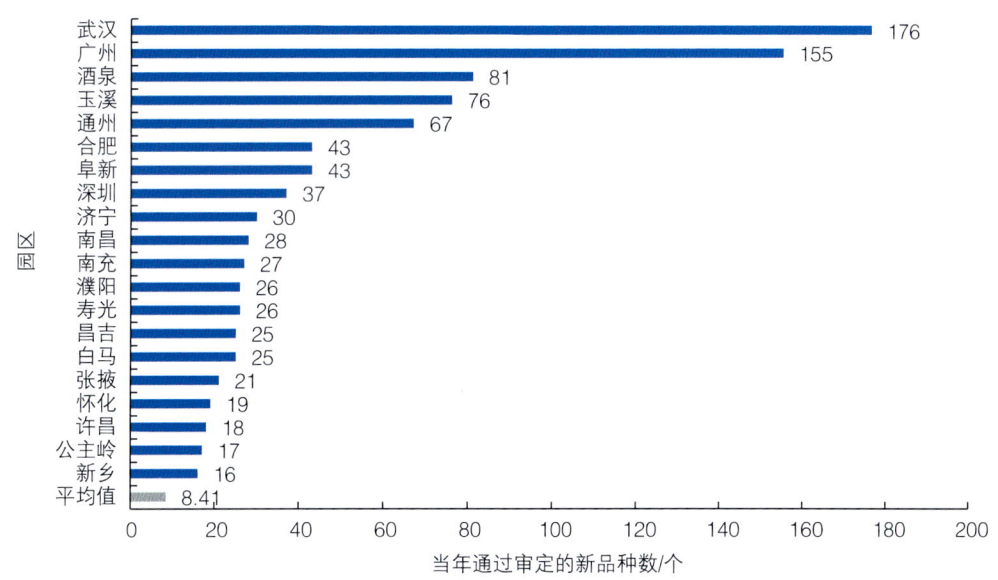

图4-3 2018年当年通过审定的新品种数排名居前20位的园区

区域对比方面，中部园区当年通过审定的新品种数平均值最多，约为10.62个，是唯一超过10个的区域，领先全国其他区域。而东部和东北园区当年通过审定的新品种数平均值也均超过了全国平均水平。只有西部园区当年通过审定的新品种数平均值低于全国平均水平，仅有6.19个，具体如表4-2所示。

表4-2 区域当年通过审定的新品种数平均值对比

单位：个

地区	2017年	2018年
全国	10.07	8.41
东部	10.62	8.83
中部	11.62	10.62
西部	7.79	6.19
东北	12.38	8.62

2018年园区平均通过审定的新品种数较2017年的10.07个减少了1.66个，下降幅度为16.48%。同时，各区域园区平均通过审定的新品种数较2017年也有不同程度的下降。其中，中部园区的减少幅度最小，仅有8.61%。而东北园区从2017年的12.38个减少为8.62个，降幅达到30.37%，通过审定的新品种数的下降，在一定程度上代表着园区发展思路的转变，从仅追求新品种的数量到追求能够满足市场需求、具有更高经济价值和推广价值的新品种转变。具体如图4-4所示。

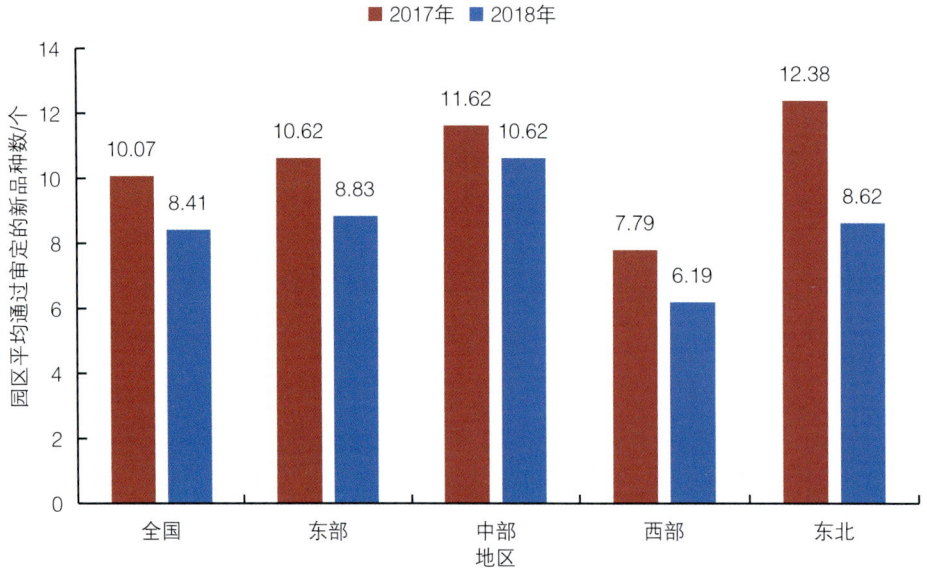

图4-4 区域园区平均通过审定的新品种数对比

2. 2018年园区拥有的"三品一标"数有所增加,中部园区的增长幅度最大,领先全国其他园区

"三品一标"认证是指无公害农产品、绿色食品、有机农产品和农产品地理标志。"三品一标"产品的数量在很大程度上反映了农业新型科技在农产品生产过程和质量控制上的应用,是反映园区创新应用状况的重要指标。2018年全国153个园区拥有的"三品一标"总数为4100个,平均每个园区拥有的"三品一标"数量为26.80个。其中,淮安、衡阳、兰考、玉溪和泉州园区的"三品一标"数量排名居前5位。2018年拥有"三品一标"数量排名居前20位的园区如图4-5所示。

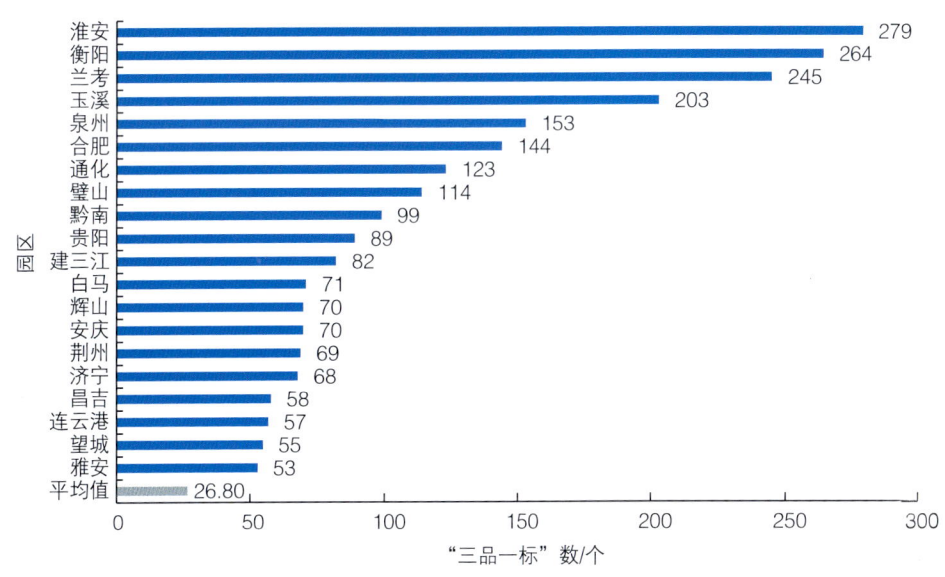

图4-5 2018年拥有的"三品一标"数排名居前20位的园区

区域对比方面,中部园区平均拥有的"三品一标"数量最多,东北园区次之,分别为35.78个和30.46个,均超过了30个。东部园区和西部园区平均拥有的"三品一标"数量相对较少,两者均低于全国平均水平。具体如表4-3所示。

表4-3 区域园区拥有的"三品一标"平均数对比

单位：个

地区	2017年	2018年
全国	23.12	26.80
东部	25.91	23.29
中部	24.45	35.78
西部	19.55	21.73
东北	23.85	30.46

与2017年相比，2018年园区拥有的"三品一标"平均数总体有所增加，较上年的23.12个增加了15.92%。其中，中部、西部和东北园区拥有的"三品一标"平均数均有所增加。尤其是中部园区当年新增的"三品一标"平均数增加了11.33个，增长幅度最大，达到46.34%。而东部园区2018年新增的"三品一标"平均数较上年略有下降，这种下降属于较为正常的波动。具体如图4-6所示。

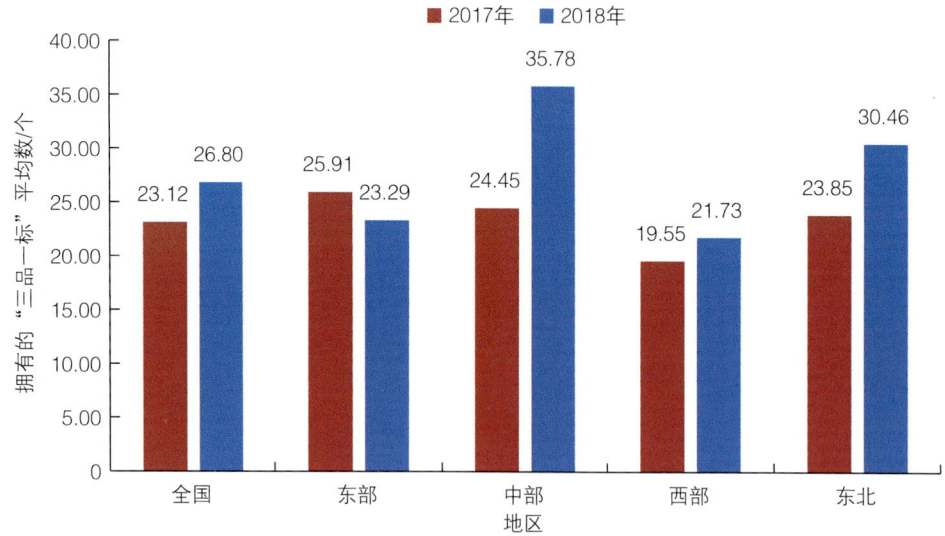

图4-6 区域园区拥有的"三品一标"平均数对比

三、园区的企业培育和升级情况

本报告通过对园区在孵企业数和认定的高新技术企业数分析来评价园区的创新产出能力。并对比2017年和2018年的园区数据，以及对东部、中部、西部和东北地区的园区进行综合分析。

1.园区在孵企业数总体稳步提升，东部园区领先其他园区

孵化企业是园区开展科技创新孵化的重要成果，园区的孵化企业通常定位于新兴产业和技术，具有很强的创新发展活力，对园区的持续创新发展具有重要推动力。2018年153个园区的在孵企业总数达到3972个，平均每个园区的在孵企业数达到25.96家。其中，武汉、辉山、湛江、玉溪和广安园区的在孵企业数排名居前5位。2018年在孵企业数排名居前20位的园区如图4-7所示。

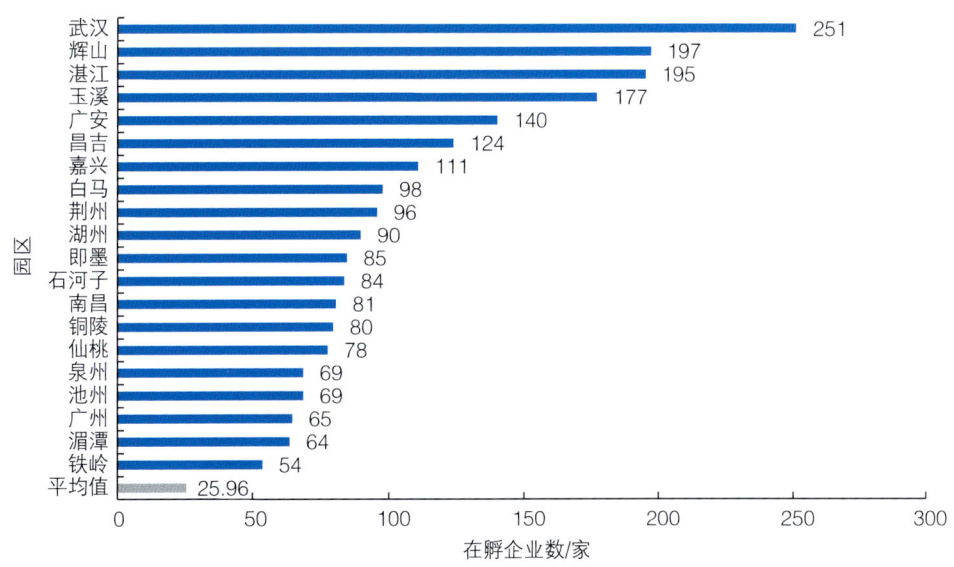

图4-7　2018年在孵企业数排名居前20位的园区

区域对比方面，东部园区的在孵企业数最多，达到了30.28家，是唯一园区平均在孵企业数超过30家的区域。中部园区次之，达到27.81家，也超过了全国平均水平。而西部和东北园区在孵企业数低于全国的平均水平，但各园区的总体差距不大，4个区域园区的在孵企业数均在20家以上。具体如表4-4所示。

表4-4 区域园区在孵企业数对比

单位：家

地区	2017年	2018年
全国	25.78	25.96
东部	22.79	30.28
中部	31.43	27.81
西部	24.55	20.92
东北	23.54	24.85

与2017年相比，2018年全国153个园区的平均在孵企业数略有增加。其中，东部和东北园区平均在孵企业数呈现出增长趋势，尤其是东部园区，增幅最大，达到了32.87%。而中部和西部园区平均在孵企业数有所减少，但降幅不大，仅为11.52%和14.79%。在孵企业既是园区创新产出的重要形式和创新成果转化去向，同时又是园区未来创新的新力量，各园区应该对企业孵化倍加重视，通过成功的企业孵化实现园区创新发展的持续内循环。具体如图4-8所示。

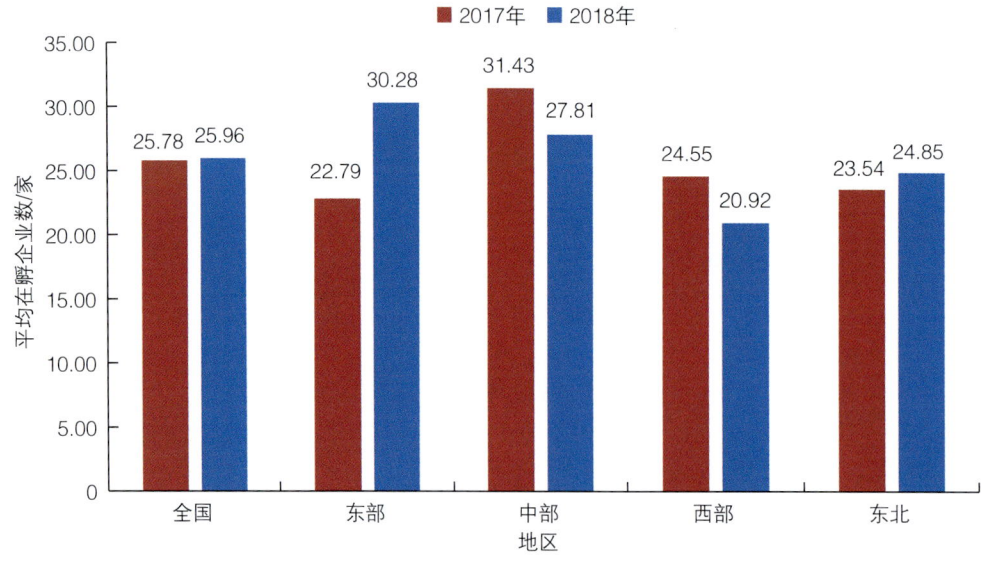

图4-8 区域园区平均在孵企业数对比

2.当年园区高新技术企业数保持增长态势,东北园区平均高新技术企业数最多

高新技术企业是拥有自主知识产权的企业,其大多具有较强的技术创新能力和高端技术开发能力,园区内认定的高新技术企业增多时,代表园区的技术创新成果的增加和自主创新能力的提升。园区高新技术企业数方面,2018年153个园区的高新技术企业总数达到1620家,平均每个园区的高新技术企业数为10.59家。其中,辉山、玉溪、武汉、南昌和济宁5个园区居前,2018年高新技术企业数排名居前20位的园区如图4-9所示。

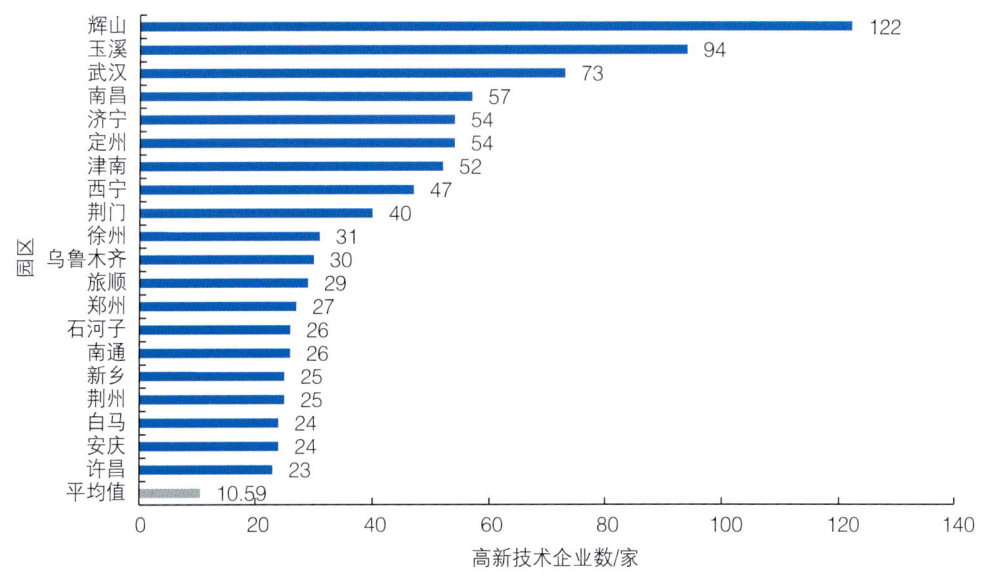

图4-9 2018年高新技术企业数排名居前20位的园区

区域对比方面,东北园区平均认证的高新技术企业数最多,达到了14.15家,领先全国其他园区。中部和东部园区平均认证的高新技术企业数分别达到12.79家和11.24家,也均超过了10家,而西部园区平均认证的高新技术企业数最少,约为7.37家,各园区的高新技术企业数趋于均衡(表4-5)。

表4-5 区域园区高新技术企业数对比

单位：家

地区	2017年	2018年
全国	8.65	10.59
东部	8.78	11.24
中部	11.79	12.79
西部	6.28	7.37
东北	7.08	14.15

与2017年相比，2018年153个园区平均认证的高新技术企业数实现了一定程度的增加，增幅达到22.43%。且各区域园区均呈现出不同程度的增长态势，其中东北园区的增幅最大，达到99.86%，其主要原因是由于辉山园区的高新技术企业数大幅增长。东部园区次之，增幅也超过了28.02%。中部园区由于2017年高新技术企业数较多，2018年增幅相对较小，约为8.48%，具体如图4-10所示。

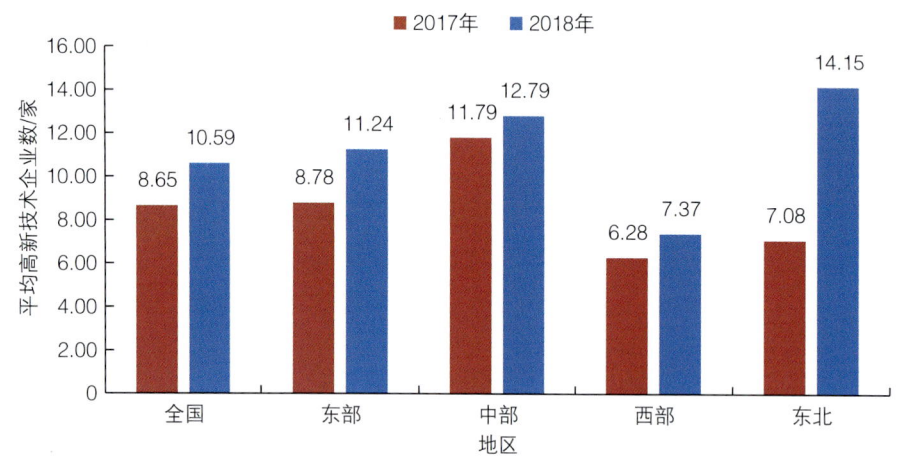

图4-10 区域当年园区平均高新技术企业数对比

四、小结

创新成果产出是国家农业科技园区创新能力的科技原动力与外在表现，是园区创新能力的重要体现。本章结合园区的专利申请状况、园区通过审定的新品种状况、园区通过审定的"三品一标"状况、园区在孵企业状况和高新企业状况5个方面的指标对153个园区的创新水平指数进行了核算,并得出以下结论。

①园区的平均授权发明专利由"重量"向"重质"转变,中部园区的平均授权发明专利数最多,园区之间授权发明专利数的差异较大,有大学和科研机构支撑的园区在创新水平方面的表现明显出色。

②园区当年通过审定的新品种数有所下降,东北园区通过审定的新品种数显著减少。园区"三品一标"数量逐年稳步增长,其中中部园区增长最为明显,标志着农业发展进入新阶段的战略选择,是传统农业向现代农业转变的重要标志,展现了人们对安全农业、安全食品不断提升的要求。

③园区内在孵企业和高新技术企业数继续显著增加,东部地区的在孵企业数增长幅度领先其他地区,东北园区高新技术企业数增幅最大。

2017年和2018年园区创新成果产出情况的对比具体如雷达图4-11所示。

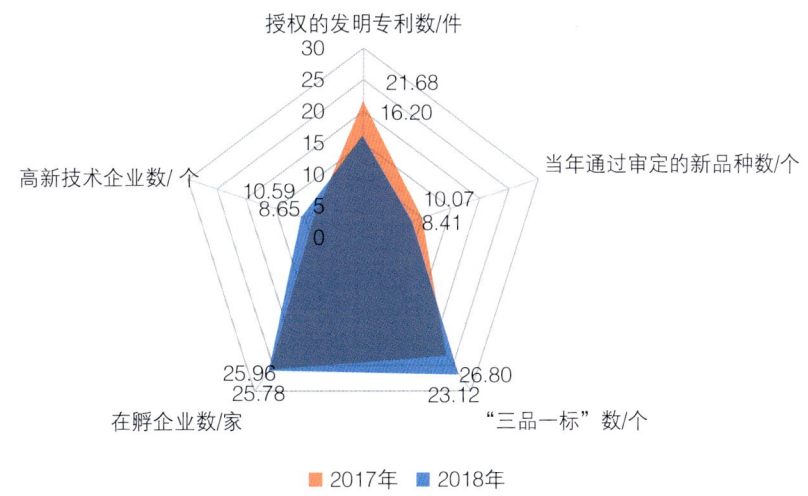

图4-11　2017年和2018年园区创新成果产出情况对比

国家农业科技园区创新能力评价报告2019

第五章

国家农业科技园区创新能力分项评价

——创新示范推广评价

农业技术的示范与推广是农业科学技术转化为农业现实生产力的桥梁和纽带，是国家农业支持的重要组成部分，同时也是促进农村生产力发展、实现乡村全面振兴的最有效措施。农业科技园区作为现代农业技术集成示范和引进推广的重要载体，在高新技术引进助推产业升级和适用技术推广带动农民增收方面发挥着重要作用。科学全面地掌握园区创新示范推广情况，从而发现其在农业科技成果的引进、示范、推广过程中的问题，对加强园区的创新示范辐射带动作用具有重要的现实意义。因此，本章从园区新品种的引进推广及园区的创新示范与技术培训两个方面对园区创新示范推广状况进行综合分析评价。

一、园区新品种的引进推广状况

本报告采用引进和推广的"新品种、新技术、新设施"（简称"三新"）数作为衡量园区创新引进与推广能力的主要指标之一（2018年收集园区数据时更改了以往"新产品、新品种、新技术和新设施"，去掉了"新产品"项目）。对比2017年和2018年的园区新品种数据，以及对东部、中部、西部和东北地区园区的"三新"相关状况进行综合分析。

1.园区当年引进新品种数总体有所下降，其中中部园区有所上升

园区通过新品种的引进可以精准高效地满足园区发展的技术需求，同时又为园区通过技术吸收实现自主创新提供了技术基础。2018年全国153个园区共引进新品种数量总数为5834个，平均每个园区引进的新品种数为38.13个。其中，寿光、晋中、湘西、定州和淮安园区的引进数量排名居前5位。2018年引进新品种数量排名居前20位的园区，如图5-1所示。

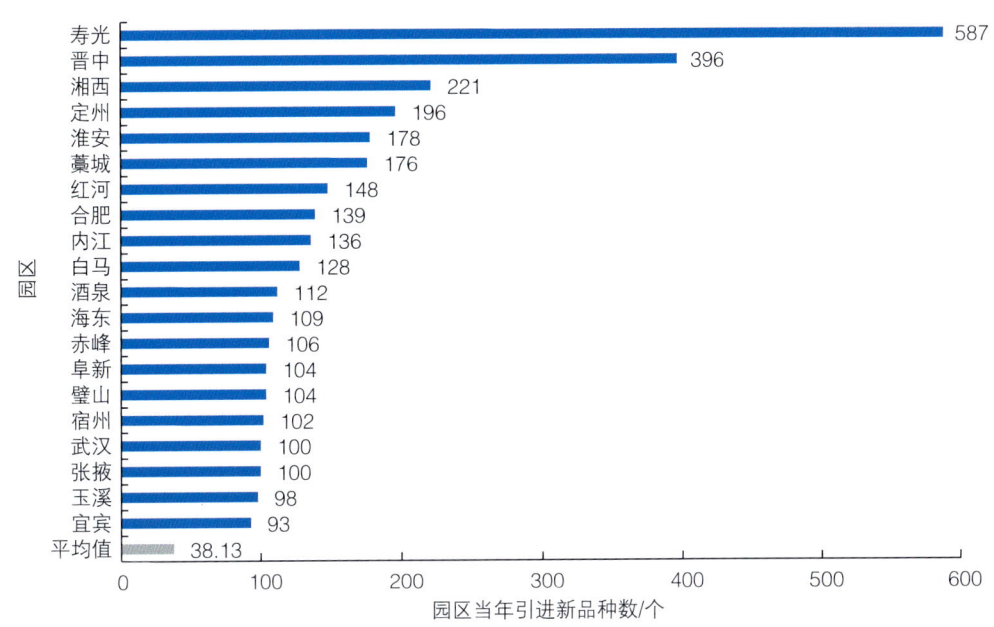

图5-1　2018年企业引进新品种数排名居前20位的园区

区域对比方面，东部园区平均引进的新品种数居于领先地位，达到43.91个，中部园区次之，平均引进数量为38.31个，两个区域均超过了全国平均水平。而西部和东北园区平均引进的新品种数相对较少，均低于全国平均水平，分别为36.29和24.46个，尤其是东北园区，其平均引进的新品种数仅有东部园区的50%左右。

表5-1　区域平均引进新品种数对比

单位：个

地区	2017年	2018年
全国	37.35	38.13
东部	38.62	43.91
中部	29.88	38.31
西部	45.96	36.29
东北	22.54	24.46

与2017年相比，2018年各园区引进的新品种数总体呈现出小幅增长趋势，增幅为2.09%。其中，东部园区、中部园区、东北部园区平均引进新品种数相对2017年有

所增长,增幅分别为13.70%、28.21%和8.53%。而西部区域呈现下降趋势,降幅为21.05%。这既是园区快速发展期开展大量技术引进后的正常调整,也是园区在技术引进工作上加强质量控制、实现精准化引进的正常现象(图5-2)。

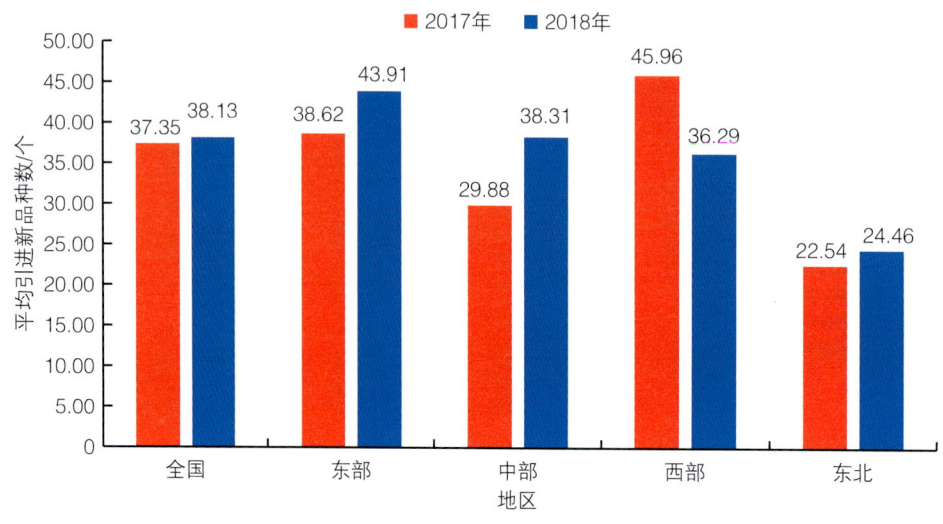

图5-2 园区平均引进新品种数对比

2.园区当年推广新品种数有较大幅下降,其中西部园区降幅最大

园区推广的新品种数很大程度上反映了园区示范推广状况。园区推广的新品种既包括园区对引进的新品种的推广,也包括园区对自主创新成果的推广。2018年153个园区推广的新品种数达到3053个,平均每个园区推广的新品种数为19.95个。其中,武汉、许昌、广州、白马和宜宾园区的推广数量排名居前5位,2018年推广新品种数量排名居前20位的园区如图5-3所示。

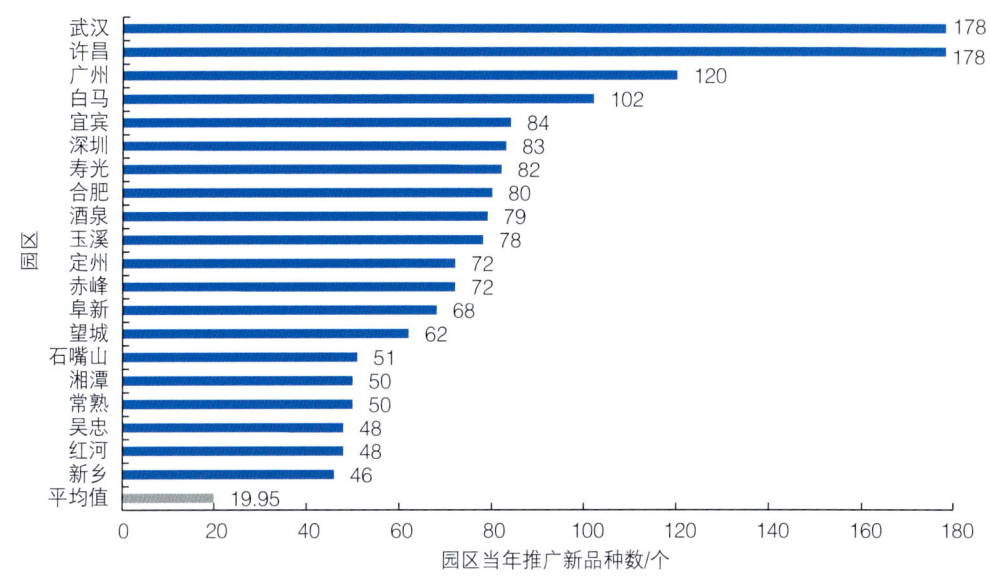

图5-3 2018年企业推广新品种数排名居前20位的园区

区域对比方面，中部园区平均推广的新品种数领先全国，达到24.55个，东部园区紧跟其后，平均推广数量为20.27个，两者的推广数量均超过了全国平均值。而西部和东北园区的平均推广数量相对落后，分别为17.62个和13.38个，低于全国平均水平，且与东部园区存在较大差距（表5-2）。

表5-2 区域平均推广新品种数对比

单位：个

地区	2017年	2018年
全国	25.49	19.95
东部	24.73	20.27
中部	28.79	24.55
西部	26.98	17.62
东北	11.62	13.38

与2017年相比，2018年园区平均推广新品种的数量上一年度有所减少，减少幅度达到21.73%。其中，东部、中部和西部园区平均推广新品种数均有所下降，并且西部园区的下降数量较多，降幅达到34.69%。而东北园区平均推广新品种的数量较少上

一年度有所增加,增幅为15.15%。技术推广是连接技术研发与技术应用的重要手段,通过科学精准的技术推广能够提升技术本身的经济价值,必能产生良好的正向外部经济效应。具体如图5-4所示。

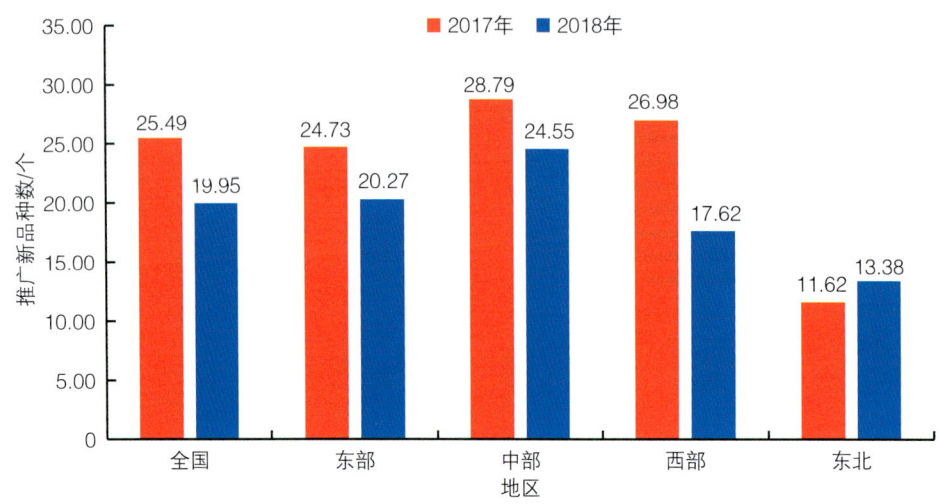

图5-4 园区平均推广新品种数对比

3.园区当年引进的"三新"数量方面,东部园区的表现最为良好

"三新"指"新品种、新技术、新设施"。2018年各园区引进"三新"情况如图5-5所示,东部园区、中部园区平均值均高于全国平均水平,分别为89.09、77.26个;西部、东北园区平均值均低于全国平均水平,分别为64.87、50.07个。各地区"三新"构成基本类似,以新品种为主,新设施次之(图5-5)。

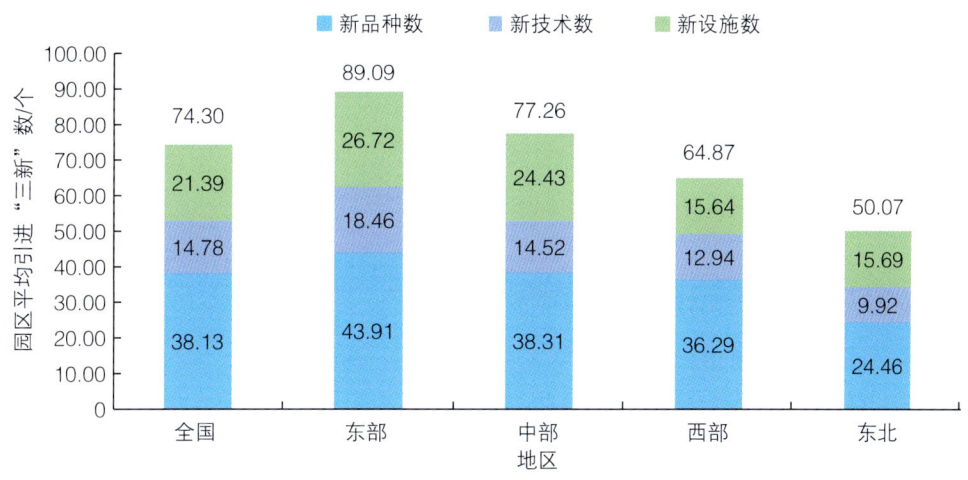

图5-5 园区平均引进"三新"数对比

4.园区当年推广的"三新"数量方面,东部园区领先全国其他地区

2018年各园区推广"三新"情况如图5-6所示,东部、中部园区平均值均高于全国平均水平,分别为61.43个、48.60个;西部、东北部园区平均值均低于全国平均水平,分别为34.83个、32.84个。园区推广"三新"构成情况有所区别,东部、中部园区以新品种数为主,新技术数次之;西部、东北园区以新品种数为主,新设施数次之。这是各地区根据当地园区特征做出的合理调整,同时也可以看出各地区对新品种推广的重视。

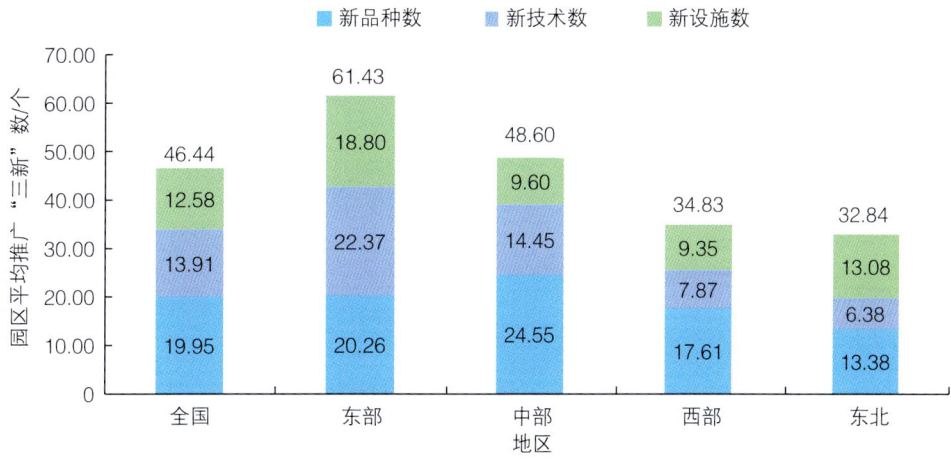

图5-6 园区平均推广"三新"数对比

二、园区的示范与培训情况

本报告采用园区核心区示范基地数和开展的技术培训总人次分析园区的示范和培训工作状况。并对比2017年和2018年的园区数据,以及对东部、中部、西部和东北地区的园区相关状况进行综合分析。

1.园区核心区的示范基地数与上年基本持平,延续了园区在先进农业科技集成、实验和展示方面较高的发展水平

农业科技示范基地能够集成全国乃至世界的农业科技进行实验和展示,并针对整个流程为农民提供全方位和多角度的综合服务,同时能够推动园区的主导产业走向规模化,在园区的创新发展中发挥着重要作用。2018年153个园区核心区拥有的示范基地总数达到2086个,平均每个园区核心区拥有的示范基地数为13.63个。其中,淮安、黔东南、赤峰、昌吉和望城的示范基地数排名居前5位。2018年示范基地数排名居前20位的园区如图5-7所示。

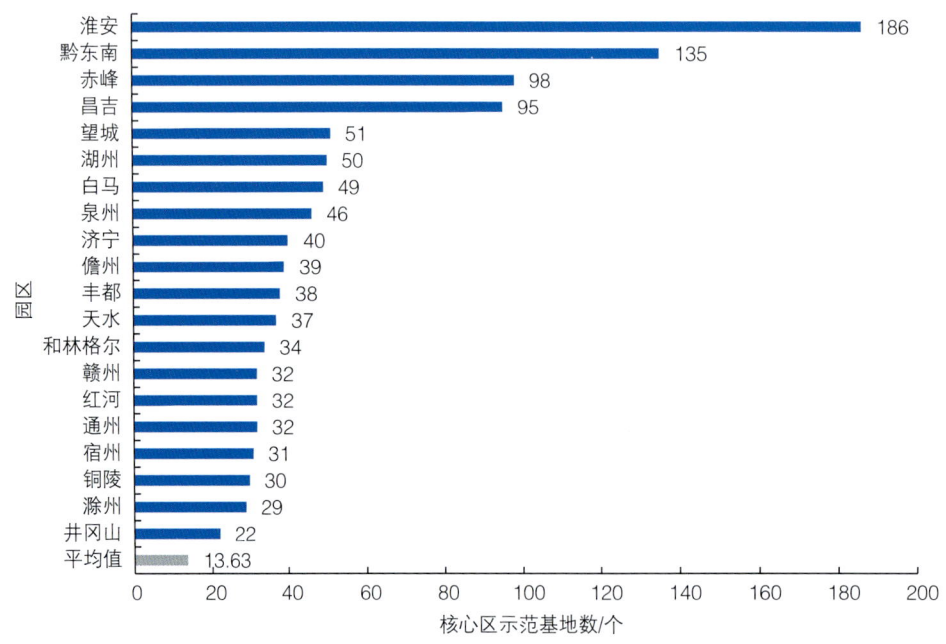

图5-7 2018年核心区示范基地数排名居前20位的园区

区域对比方面，东部园区的示范基地数最多，平均达到16.87个，领先全国其他区域。西部园区的示范基地数次之，平均约为15.80个，也超过了全国平均水平。中部园区的示范基地数超过了10个，达到10.33个，只有东北园区的示范基地数相对较少，为4.15个。具体如表5-3所示。

表5-3　区域核心区平均示范基地数对比

单位：个

地区	2017年	2018年
全国	12.66	13.63
东部	15.65	16.87
中部	9.07	10.33
西部	14.79	15.80
东北	4.92	4.15

与2017年相比，2018年153个园区核心区平均示范基地数略有增长。其中，除东北园区略有下降外，东部、中部、西部园区有所增长。而中部园区的增幅最为明显，增幅为13.89%，具体如图5-8所示。

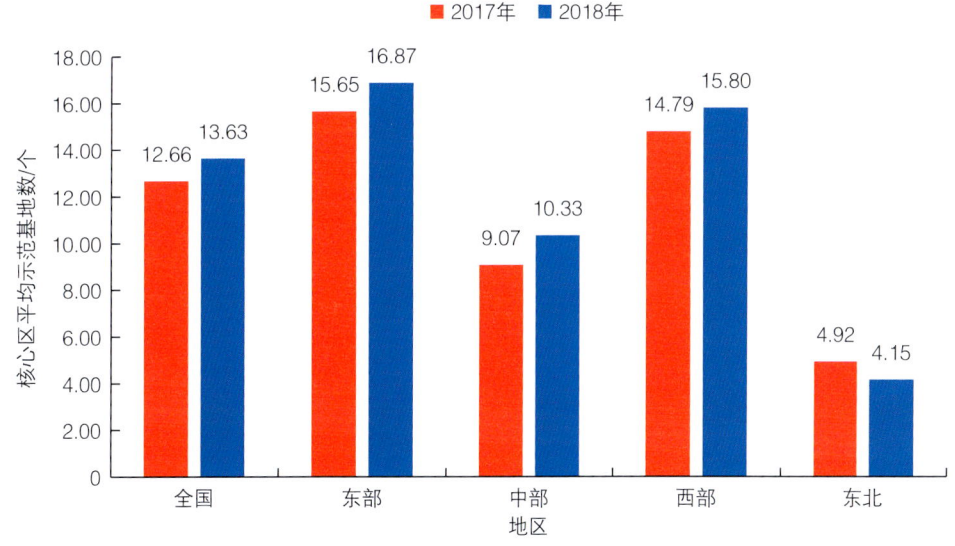

图5-8　园区核心区平均示范基地数对比

2.园区2018年技术培训总人次显著增加，有力地助推了技术推广和农民素质提升

技术培训，一方面能够加快新技术受体的技术采纳和应用过程；另一方面也能够全面提升农民的综合素质，帮助农民更好地增收致富。园区年度技术培训总人次方面，2018年参与153个园区年度技术培训的总人次达到2 644 169人次，平均每个园区年度技术培训总人次为17 282.15人次，其中，武汉、玉溪、五一农场、新乡和石林排名居前5位。2018年153个园区技术培训总人次排名前20位的园区如图5-9所示。

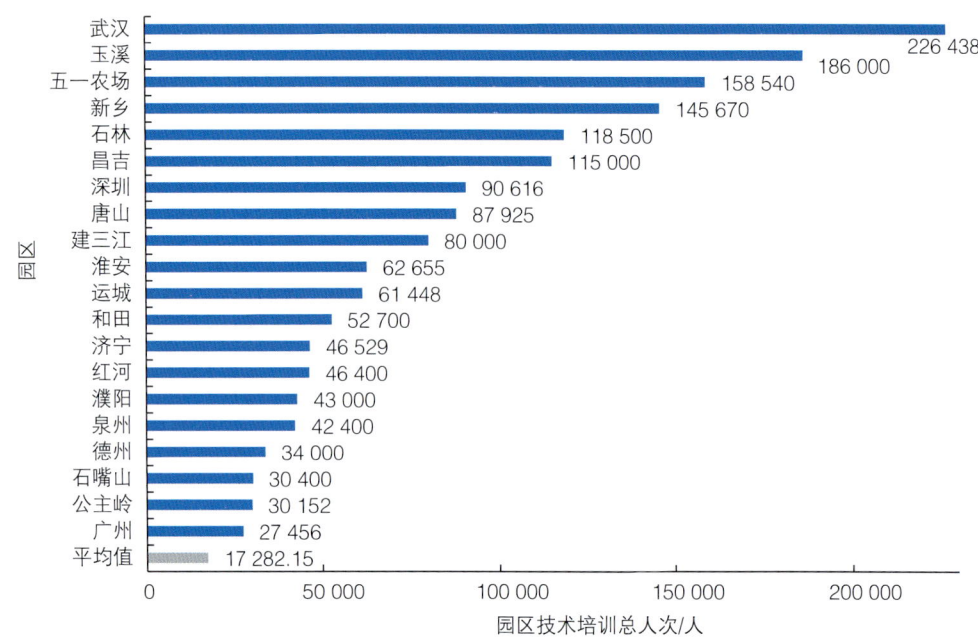

图5-9　2018年企业技术培训总人次排名居前20位的园区

区域对比方面，西部园区的技术培训平均总人次最多，达到20 318.46人次，领先全国其他园区，是唯一超过2万人次的区域。中部园区紧跟其后，达到18275.24人次，两个区域的园区培训人次均超过全国平均水平。中西部园区的人力资本相对匮乏，开展技术培训是提升人力资本的有效途径。东部和东北园区技术培训人次则低于中西部，东部园区人力资本相对丰富，农户个人技术素养较高，因此，适度控制技术培训的规模有助于培训效果的改善（表5-4）。

表5-4 区域技术培训总人次对比

单位：人

地区	2017年	2018年
全国	14 134.56	17 282.15
东部	12 044.15	13 684.07
中部	17 974.17	18 275.24
西部	13 448.75	20 318.46
东北	12 083.31	14 660.15

与2017年相比，2018年全国153个园区技术培训总人次增加了3147.59人次，增幅较大，达22.27%。其中，西部园区的增幅最大，达到51.08%，由此可见，西部园区已经充分意识到，在开展技术示范推广的同时，必须配合做好技术培训工作，只有通过有针对性的培训提升农户的个人素质，才能更好地促进技术的扩散、采纳和应用，从而达到事半功倍的效果。此外，东部、中部和东北园区的技术培训总人次均实现了不同程度的增长，并且东北园区的增幅也超过了20%。具体如图5-10所示。

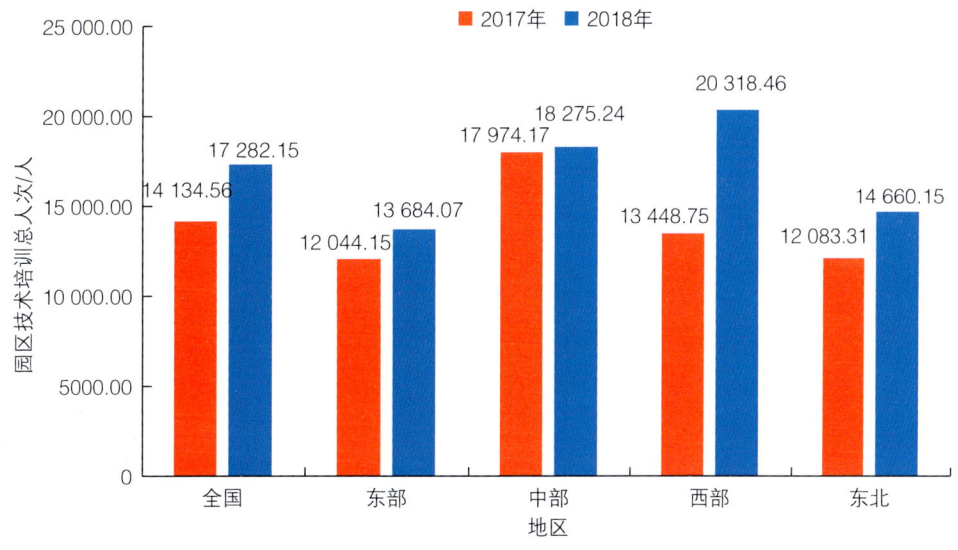

图5-10 园区技术培训总人次对比

三、小结

创新示范推广在农业科技园区转变经济发展方式等方面发挥着重要的引领、辐射、带动作用。国家农业科技园区的建设中，创新示范推广在推动区域创新和拉动经济发展等方面发挥着积极作用。对153个园区的创新水平指数进行核算，并得出以下结论。

①2018年园区当年引进、推广新品种方面较2017年均有不同程度下降。东部和中部园区分别在引进和推广"三新"数量方面表现良好，领先全国其他园区。

②2018年园区继续加强在农民职业培训和技术培训方面的重要作用。园区2018年技术培训总人次较2017年增加显著，为乡村振兴培育了大批拥有专业技能和经营能力的新型职业农民。

③园区示范基地建设发展势头良好，2018年园区核心区和示范区的示范基地数与2017年基本持平，延续了较高的发展水平。

2018年与2017年园区创新示范推广各指标的对比与变化如雷达图5-11所示。

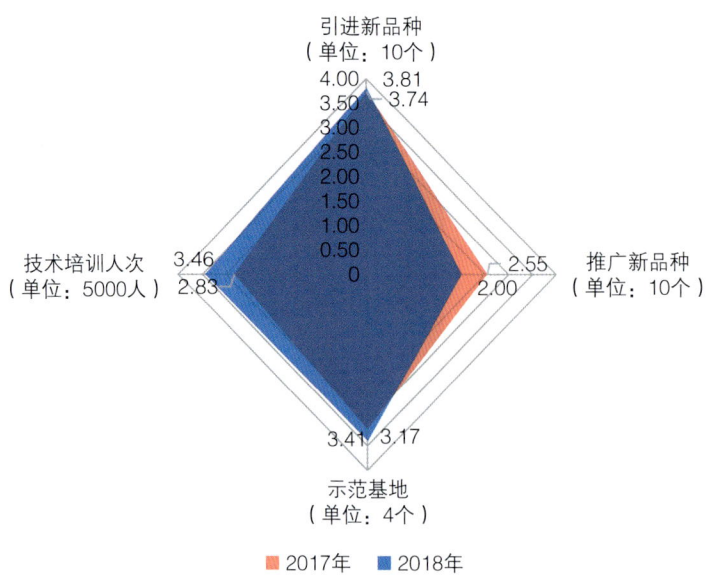

图5-11　2017年与2018年园区创新示范推广情况对比

国家农业科技园区创新能力评价报告2019

第六章 国家农业科技园区创新能力分项评价

——创新综合绩效评价

国家农业科技园区建设以促进社会经济发展为根本目标，在推动区域创新和拉动农业经济发展等方面发挥着积极作用。园区创新综合绩效既包括园区通过创新活动取得经济效益，如利润和产值等，也包括园区通过创新活动的正向外溢所产生的社会效益，如带动农民增收等。同时，园区也是创新驱动可持续发展的示范区，其创新发展应兼顾运营效益增加和产业规模扩大等短期发展绩效的实现和对产业结构优化及产业链接融合等长期发展绩效的铺垫。因此，本章从园区的总体经济效益、产业融合发展、产业转型升级、带动农民增收等方面对园区的创新绩效进行综合分析评价。

一、园区总体经济效益状况

本报告采用园区年度净利润和技术性收入两个指标来分析园区当年运行产生的经济收益。并对比2017年和2018年的园区数据，以及对东部、中部、西部和东北地区的园区相关状况进行综合分析。

1.园区年度净利润总体小幅提升，西部园区的净利润出现大幅增长

园区的净利润是反映园区总体运营状况的重要指标，通常园区的创新能力越强，提供产品和服务的技术含量越高，净利润会越大。2018年153个园区实现的总净利润为780.13亿元。平均每个园区的净利润为5.10亿元。其中，玉溪、济宁、永州、武汉和泉州排名居前5位。2018年153个园区净利润排名居前20位的园区，如图6-1所示。

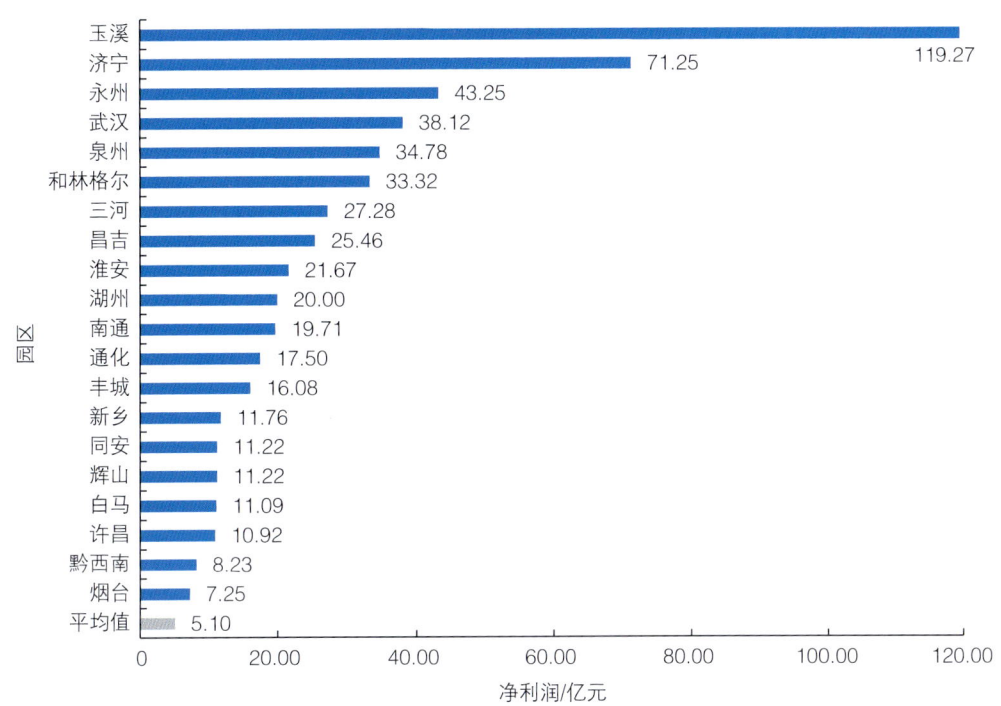

图6-1　2018年净利润排名居前20位的园区

区域对比方面，东部园区依旧处于领先地位，平均每个园区的年度净利润达到6.07亿元，也是平均净利润唯一超过6个亿的区域。西部园区的年度净利润仅次于东部园区，达到4.91亿元，中部园区净利润为4.79亿元，两个园区均略低于全国平均水平。东北园区的平均年度净利润为3.44亿元，虽有较大幅上升，但与其余园区相比均有较大差距。因此，如何将创新成果转化为产品和服务的高附加值仍是东北园区未来应该关注的重点问题。具体如表6-1所示。

表6-1　区域平均净利润对比

单位：亿元

地区	2017年	2018年
全国	4.58	5.10
东部	6.70	6.07
中部	4.94	4.79
西部	2.78	4.91
东北	2.70	3.44

与2017年相比,2018年全国153个园区的净利润总体小幅提升。其中,西部、东北园区有较大幅提升,西部园区增幅更是达到76.34%,两园区均呈现出良好的发展势头。反映了西部、东北园区对创新方向的正确把握,实现了创新的经济价值,为今后的创新持续发展奠定了良好的经济基础。另外,东部、中部园区呈现不同程度的下降,但是降幅都不大,均未超过10%,属于较为正常的波动范畴,具体如图6-2所示。

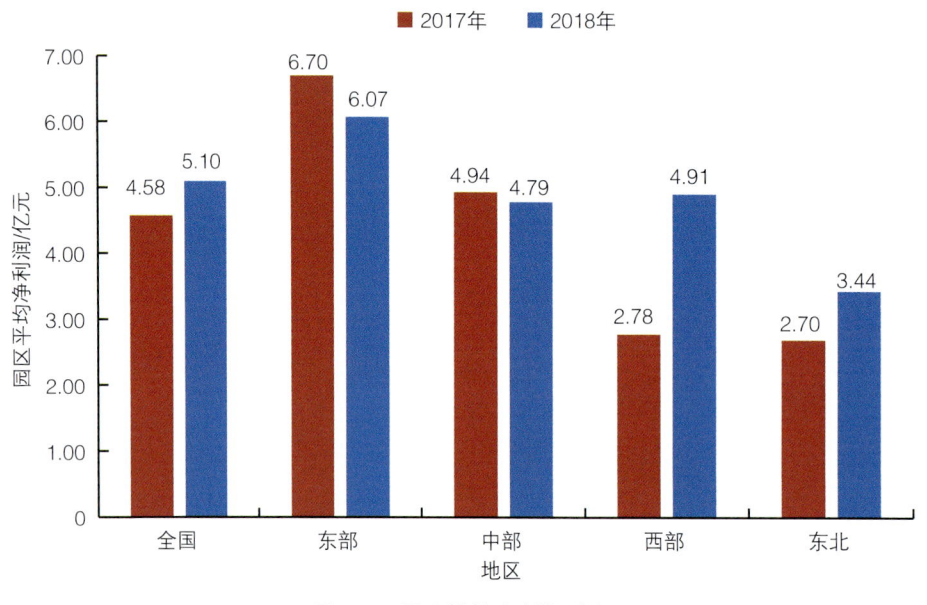

图6-2 园区平均净利润对比

2.园区年度技术性收入较上一年度略有增长,中部园区延续了良好的发展态势,济宁和新乡园区优势明显

园区的技术性收入主要包括园区企业的技术开发收入、技术转让收入、技术咨询服务收入,以及学术和科普活动收入。技术性收入除了能为园区企业带来更多的盈利,还能反映园区企业技术研发的市场匹配度。2018年参与评价的153个园区的技术性总收入达到217.52亿元。平均每个园区的技术性收入为1.42亿元。其中,济宁、新乡、玉溪、石河子和湖州排名居前5位,尤其是济宁和新乡园区的技术性收入均超过了30亿元,远领先于全国其他园区。2018年153个平均技术性收入排名居前20名的园区如图6-3所示。

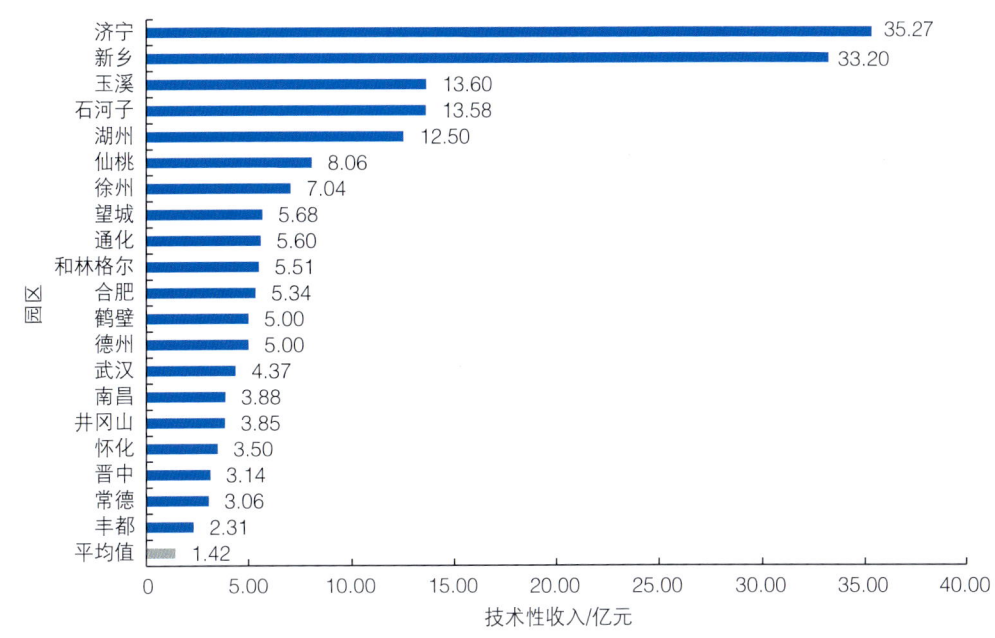

图6-3 2018年技术性收入排名居前20位的园区

区域对比方面,中部园区的平均技术性收入最高,达到2.21亿元,远领先于其他区域园区,另外,东部园区平均技术性收入1.54亿元,也超过全国平均水平,但与中部园区存在较大差距。西部和东北园区的平均技术性收入均不超过1个亿,区域差距较为明显。对于西部和东北园区需要更加关注技术市场的发展状况,以市场需求为导向,提高技术研发的先进性和市场吻合度,同时积极拓展技术咨询与服务业务,提升园区的技术性收入,推动园区产业向研发和服务两个价值高点迈进(表6-2)。

表6-2 区域平均技术性收入对比

单位:亿元

地区	2017年	2018年
全国	1.31	1.42
东部	1.74	1.54
中部	1.79	2.21
西部	0.78	0.91
东北	0.50	0.50

与2017年相比，2018年参与评价的153个园区的技术性收入平均值略有增加，增幅为8.24%，这种调整较为正常。其中，中部、西部园区的技术性收入还有不同幅度的增长。尤其中部园区，延续了良好的增长势头，在2017年本身技术性收入处于领先的情况下，2018年又实现了23.26%的增长，推动园区收入的结构进一步优化。但是，东部园区尤其是盐城、广州等园区技术性收入的下滑同样值得注意和重视，具体如图6-4所示。

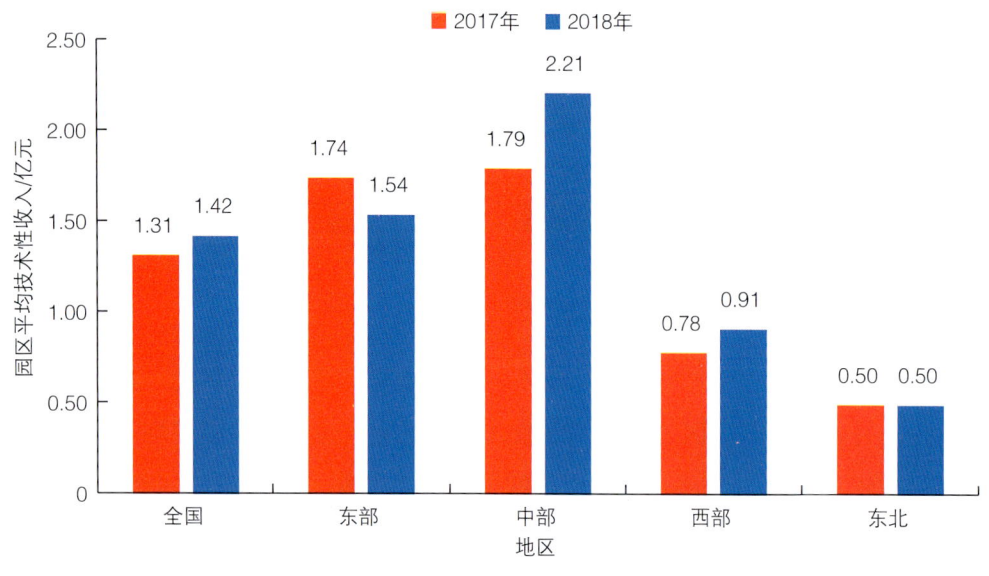

图6-4 园区平均技术性收入对比

二、园区产业发展及融合状况

本报告通过园区的总产值和三产融合度两个指标来分析园区的总体产业发展和三大产业的融合发展状况。并对比2017年和2018年的园区数据，以及对东部、中部、西部和东北地区的园区进行综合分析。

1.园区平均总产值延续了良好的增长态势，东北园区表现较为突出

2018年参与评价的153个园区的产值总和达到10 510.38亿元。平均每个园区的总产值为68.70亿元。其中，辉山、济宁、荆州、武汉和淮安排名居前5位。尤其是辉山和济宁两个园区的总产值都超过了700亿元，约为全国平均水平的10倍，而荆州园区

的总产值也达到约660亿元,3个园区的产值优势较为明显。2018年总产值排名居前20位的园区如图6-5所示。

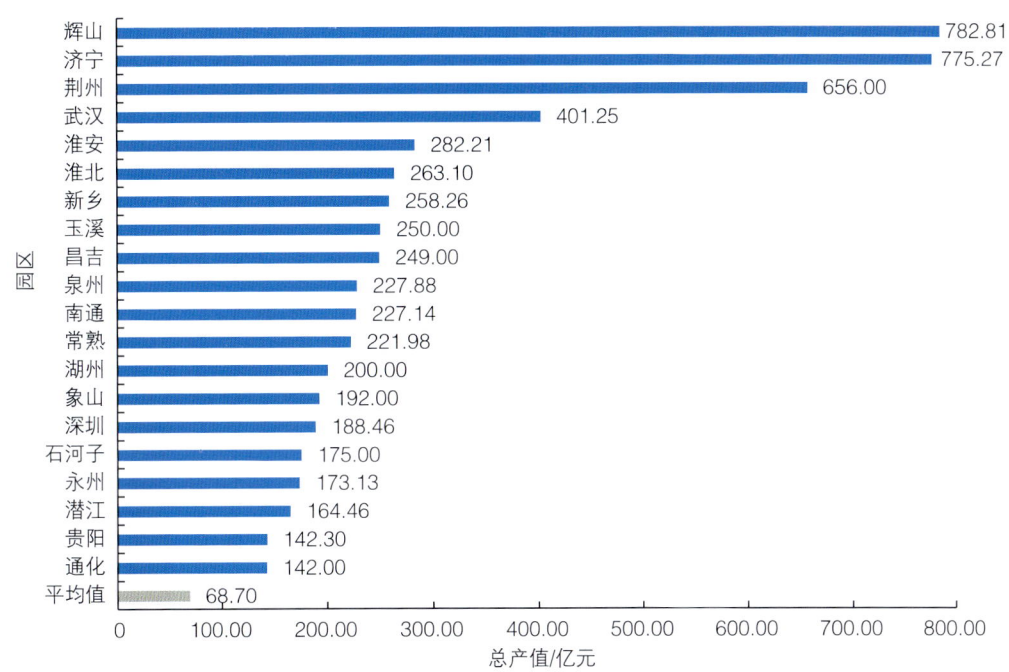

图6-5　2018年总产值排名居前20位的园区

区域对比方面,东北园区的平均产值最高,达到104.48亿元,首次超越了100亿元,也是唯一达到100亿元的区域。东部和中部园区紧跟其后,均处于80亿元上下,3个区域园区的平均总产值均超过了全国平均水平。相较而言,西部园区的平均总产值比较低,仅有40.55亿元,不足东北园区的一半,明显落后其他区域(表6-3)。

表6-3　区域平均总产值对比

单位:亿元

地区	2017年	2018年
全国	62.07	68.70
东部	86.85	79.92
中部	66.61	80.17
西部	31.72	40.55
东北	81.54	104.48

与2017年相比，2018年参与评价的153个园区的总产值有较为明显的增长，增幅达10.68%，远超过了2018年我国国内生产总值6.6%的增速。其中，东北园区连续两年呈增长态势，增幅最大，达到28.13%，主要得益于辉山园区的大幅增加，东北园区在前期园区规模化优势的基础，通过特色优势产业的培育，形成了具有规模化的产业链群，实现了园区产值的快速增长。中部园区、西部园区有显著增长，增幅分别为20.36%、27.86%；东部园区略有下降，具体如图6-6所示。

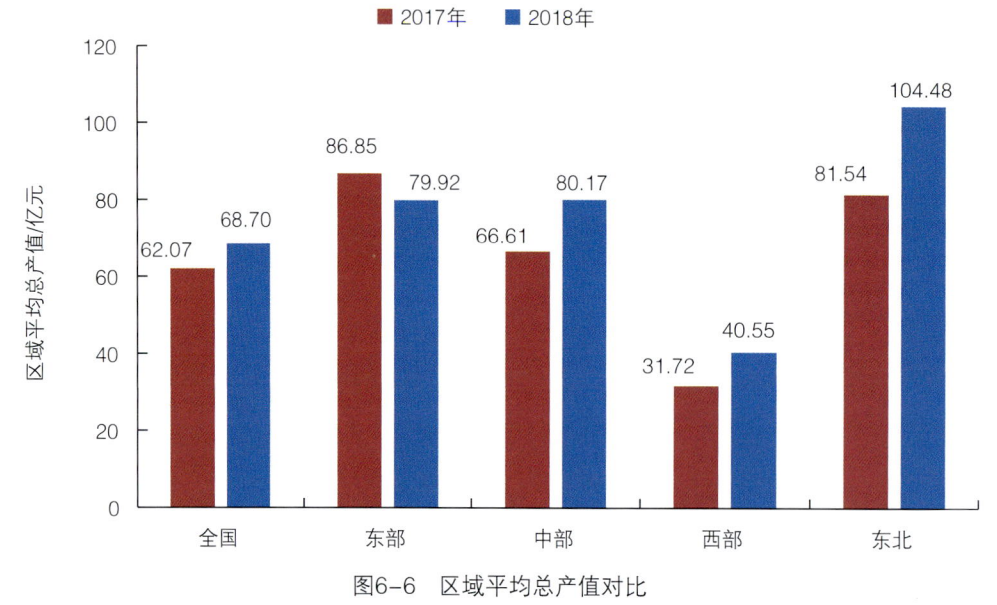

图6-6 区域平均总产值对比

2.园区平均三产融合发展状况未发生明显变化，三产融合度有待进一步提升

三产融合发展是实施乡村振兴战略的重要途径，也是推动农业产业转型升级、提升农业产业附加值的必由路径，对于园区三产融合状况评价不仅需要测量总产值中三产各自的比重，还需要考虑农业的发展和三者之间的乘数效应。2018年参与评价的153个园区平均三产融合度为26.91%。

区域对比方面，东北园区的平均三产融合度最高，领先全国其他区域，达到36.96%，也是融合度唯一超过30%的区域。中部园区的融合度紧跟其后，约为27.52%，也超过全国平均水平，东部和西部园区的平均三产融合度则相对低一些，尤其是西部园区，其融合度仅有23.43%，约为东北园区的2/3，总体上三产融合度的区域差距不大。具体如表6-4所示。

表6-4 区域平均三产融合度对比

单位：%

地区	2017年	2018年
全国	28.88	26.91
东部	30.22	26.86
中部	29.94	27.52
西部	25.84	23.43
东北	33.06	36.96

与2017年相比，2018年参与评价的153个园区的平均三产融合度略有下降，未有明显的变化。其中，东北园区的平均三产融合度呈现出较好的增长趋势，增幅超过了10%。而东部、中部和西部园区的平均三产融合度略有下降，未呈现出显著的变化趋势。各园区在推动三产融合发展时，需要注意的是不仅仅要通过产业链的延伸做大第二产业和第三产业，更要注重一二三产业的相互联动，而部分园区在三产融合发展中存在二三产业对于第一产业的挤占效应现象，造成第一产业产值萎缩，这是园区未来三产融合发展中需要重点注意的问题，具体如图6-7所示。

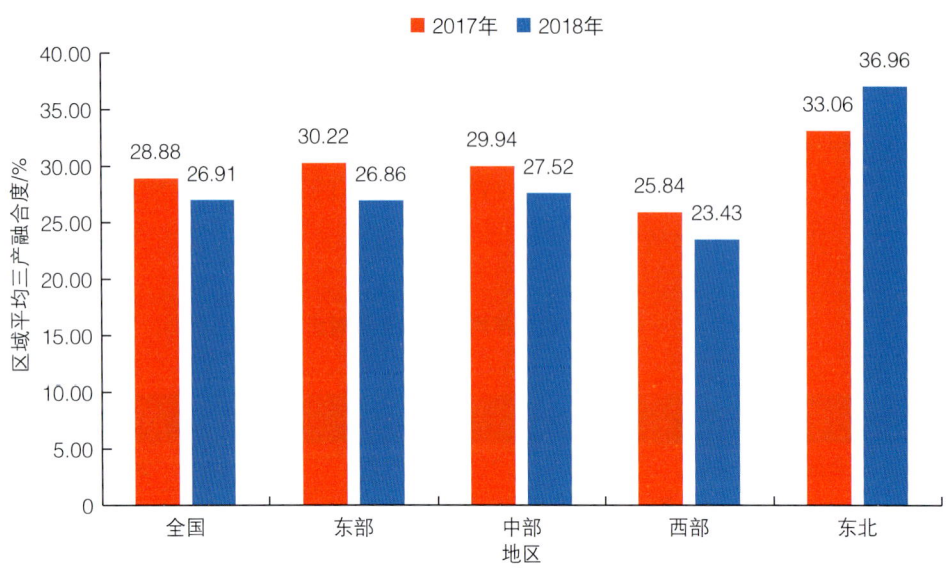

图6-7 区域平均三产融合度对比

三、园区产业结构状况分析

本报告通过园区的高新技术产业产值比重和休闲农业的产值比重两个指标分析园区的产业总体结构,以评价园区产业升级转型状况。并对比2017年和2018年的园区数据,以及对东部、中部、西部和东北地区的园区进行综合分析。

1.园区当年高新技术企业产值比重有所增长,做大做强农业高新产业是园区发展的长期目标

高新技术产业具有知识和技术密集,技术水平高,资源、能量消耗少,产品多样化、软件化,批量小,更新换代快,附加值高等特点。园区通过发展农业高新技术产业可以实现低消耗、高价值、高质量的集约式发展。2018年参与评价的153个园区的高新技术企业总产值达到2340.56亿元,其占总产值的比重约为22.27%。其中,新余、延庆、滨海、深圳和湛江排名居前5位,2018年153个园区高新技术企业产值比重排名居前20位的园区如图6-8所示。

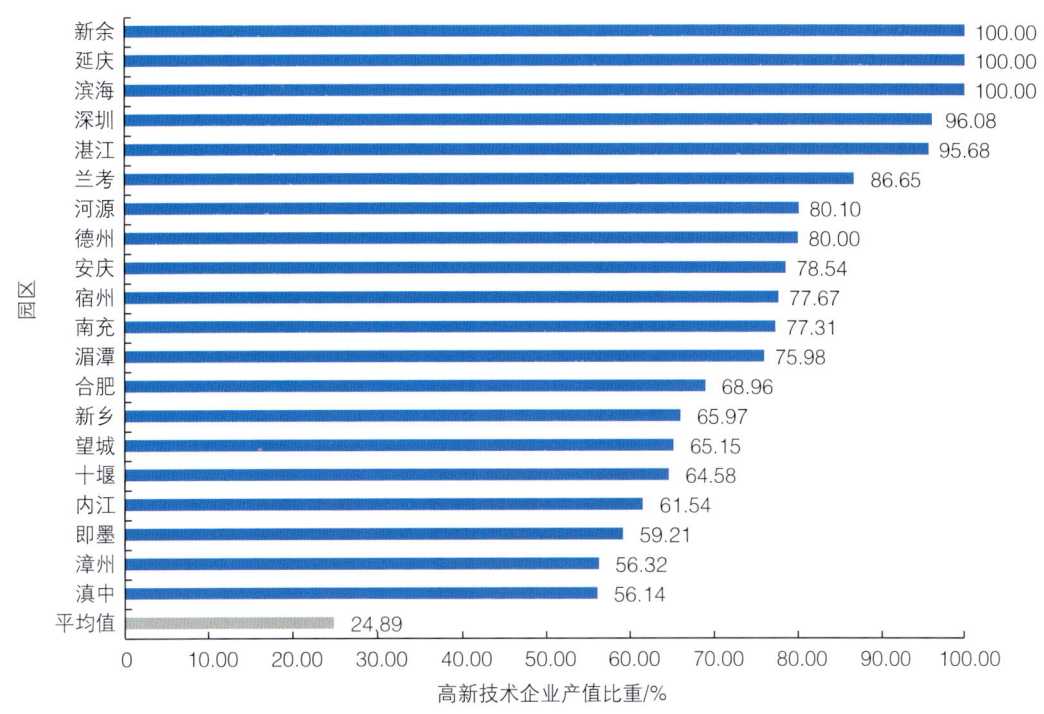

图6-8　2018年高新技术企业产值比重排名居前20位的园区

区域对比方面，东部和中部园区的高新技术企业产值比重较高，分别达到27.74%和25.73%，两者均超过了全国平均水平。而西部和东北园区的高新技术企业产值比重相对较低，分别为17.89%和5.70%，与东北和中部园区具有较大的差距（表6-5）。

表6-5　高新技术企业产值比重区域分析对比

单位：%

地区	2017年	2018年
全国	21.86	22.27
东部	23.40	27.74
中部	24.37	25.73
西部	22.00	17.89
东北	8.06	5.70

与2017年相比，2018年各园区高新技术企业产值比重略有增长。其中，东部、中部区域均有不同程度上升，西部、东北区域出现一定程度的下降。值得注意的是，东

北园区在前期高新技术企业产值比重不高的情况下，2018年下降显著，降幅近30%，因此，亟须加大园区从依靠规模化向技术与知识密集发展路径转变的力度。具体如图6-9所示。

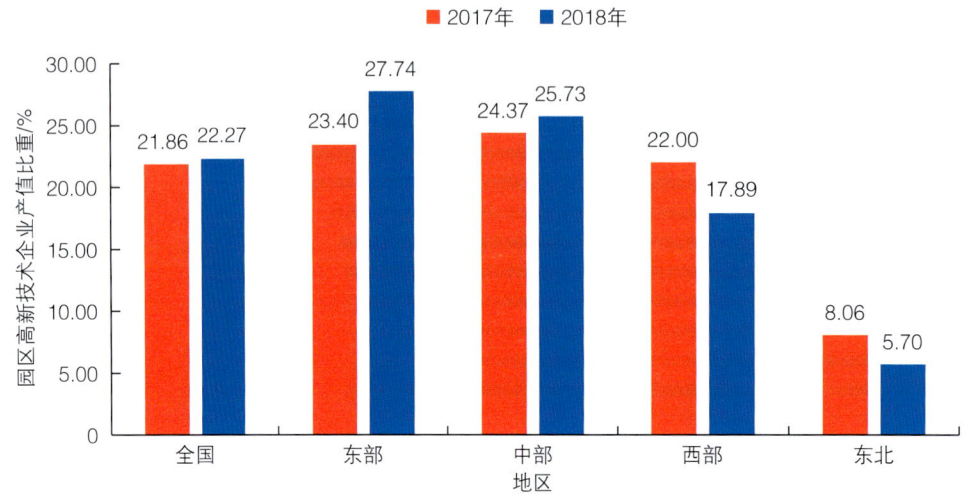

图6-9　高新技术企业产值比重区域分析对比

2.园区休闲农业比重大幅提高，成为未来带动园区创新发展的新增长点

休闲农业是在经济发达的条件下为满足城市居民的休闲需求，利用农业景观资源和农业生产条件，发展观光、休闲、旅游的一种新型农业生产经营形态。休闲农业也是深度开发农业资源潜力、调整农业结构、改善农业环境、增加农民收入的新途径。2018年参与评价的153个园区实现休闲农业总产值达到427.28亿元，园区的平均休闲农业比重为4.31%。其中，许昌、德州、潜江、象山和济宁的休闲农业产值排名位于前五，2018年园区平均休闲农业产值排名居前20位的园区如图6-10所示。

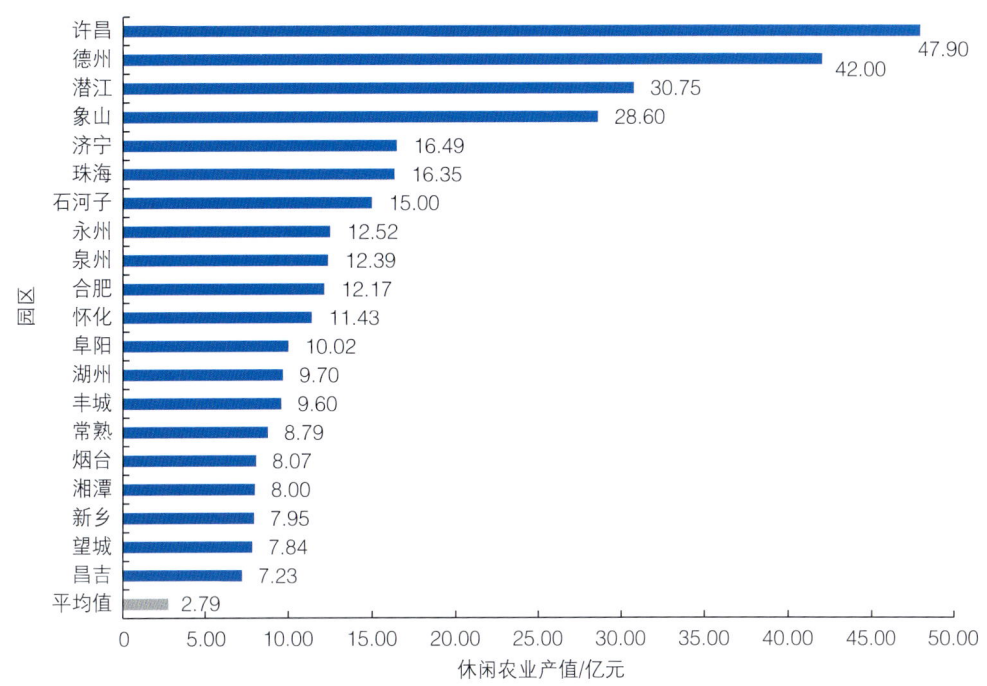

图6-10 2018年休闲农业产值排名居前20位的园区

区域对比方面,中部园区的休闲农业产值比重最高,达到7.21%,相较其余区域,领先优势较为明显。东部园区次之,比重达到4.23%,略低于全国平均水平。西部园区比重为2.97%,东北园区的休闲农业产值比重过低,仅有0.56%,下一步东北园区需要转变农业的经营形态,深度开发农业旅游和观光资源,加大对休闲农业的投入比重(表6-6)。

表6-6 区域休闲农业比重对比

单位:%

地区	2017年	2018年
全国	5.28	4.31
东部	4.17	4.23
中部	8.45	7.21
西部	4.77	2.97
东北	1.14	0.56

与2017年相比，2018年参与评价的全国153个园区的休闲农业产值比重有小幅下降，降幅在18%左右。其中，东北园区的降幅最为明显，达到51.19%，西部、中部园区的降幅分别在40%左右、15%左右，仅东部园区有小幅增长，增长幅度为1.53%。休闲农业在为园区带来经济价值和收益的同时，能够改善农村生产生活环境，因此，各园区仍需大力推动休闲农业的发展，通过休闲农庄、农家乐、田园综合体、共享农庄等多种模式的休闲农业打造园区发展的新增长点。具体如图6-11所示。

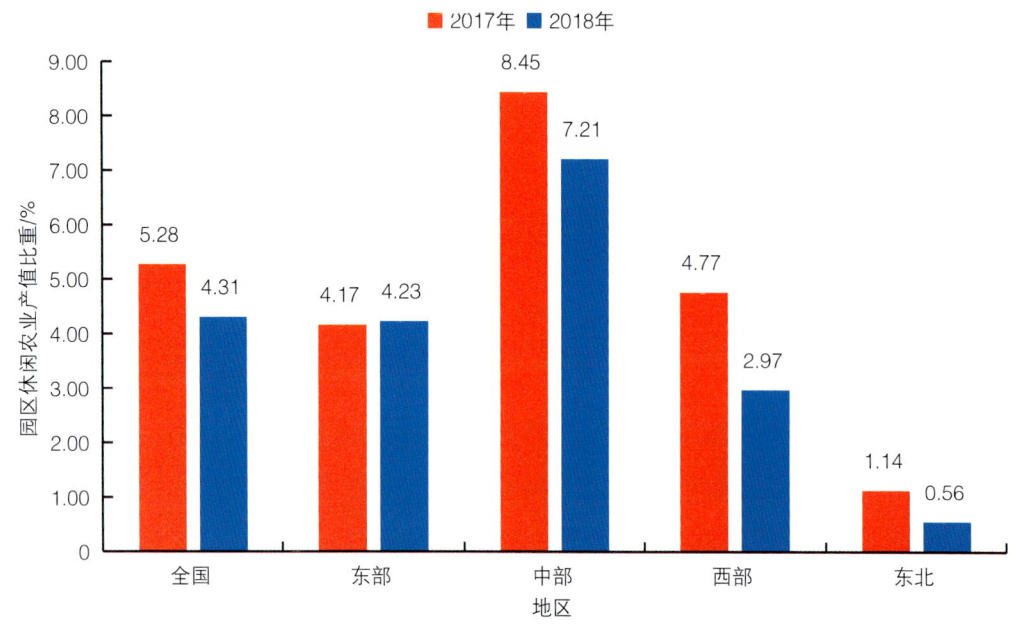

图6-11 区域园区休闲农业产值比重对比

四、园区农民增收效应分析

本报告通过园区农户年人均可支配收入分析园区产业发展对农业的增收带动效应。并对比2017年和2018年的园区数据，以及对东部、中部、西部和东北地区的园区进行综合分析。

园区农民人均可支配收入明显高于全国农村居民的收入水平，收入实现较大幅增长，园区带动增收效果显著，产业化经营不断深化

园区发展要遵从"尊重人，依靠人，为了人"的基本原则，其产业发展的最终落脚点是带动农民增收致富，为农民创造美好生活。因此，园区内农民的收入状况也是衡量园区发展绩效的重要指标。2018年参与评价的153个园区内农户年人均可支配收入平均为22 545.09元，明显高于2018年农户年人均可支配收入14 617元，约为全国农户年人均可支配收入的1.5倍。由此可见，园区带动农民增收的效果较为明显。其中，淮北、十堰、萧山、津南和延庆排名居前5位，尤其是淮北和十堰园区的农户年人均可支配收入超过了10万元大关，远远领先全国。2018年农户年人均可支配收入排名居前20位的园区如图6-12所示。

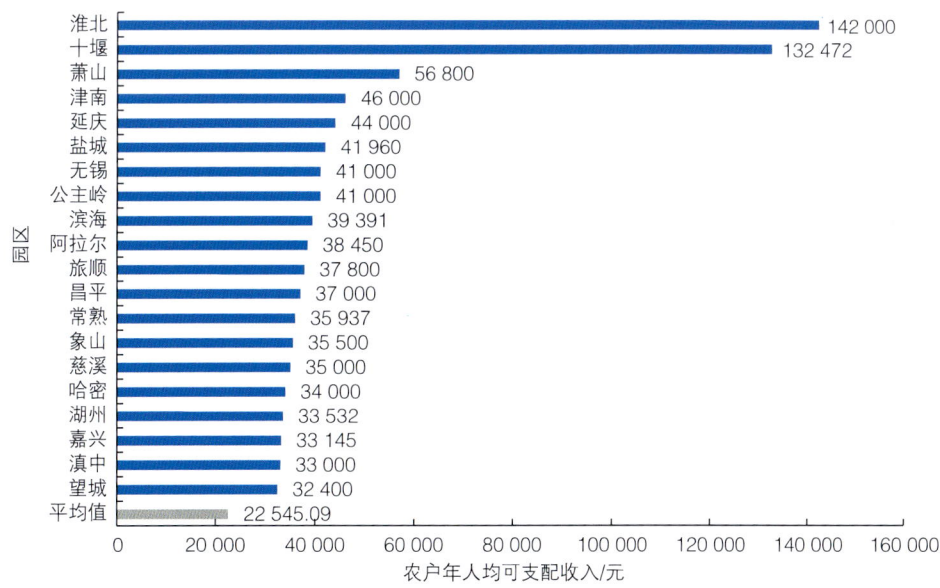

图6-12　2018年农户年人均可支配收入排名居前20位的园区

区域对比方面，东部园区的农户年人均可支配收入最高，中部和东部园区紧跟其后，3个区域园区的农户年可支配收入均超过了2万元。西部园区的农户年人均可支配收入相对较少，仅有16 875.25元。近年来，西部园区发展势头较好，创新能力实现了快速提升，但是如何让农民在园区的发展中受益是值得关注和解决的问题（表6-7）。

表6-7 园区农户年人均可支配收入对比

单位：元

地区	2017年	2018年
全国	19 689.34	22 545.09
东部	24 757.14	26 990.17
中部	18 543.89	24 806.17
西部	15 537.30	16 875.25
东北	21 679.39	22 191.02

与2017年相比，2018年参与评价的153个园区的农户年人均可支配收入明显增加，增幅高达14.50%，远高于我国农村居民的年人均可支配收入增加水平6.60%。各区域园区的农户年人均可支配收入均实现了不同程度的增长，其中，中部园区的增幅最大，达到33.78%；而东北园区虽有增长，但是增幅不大，仅有2.36%，在后续的园区建设中需要重点关注将产业发展与农民致富紧密结合，实现两者的协调共赢。具体如图6-13所示。

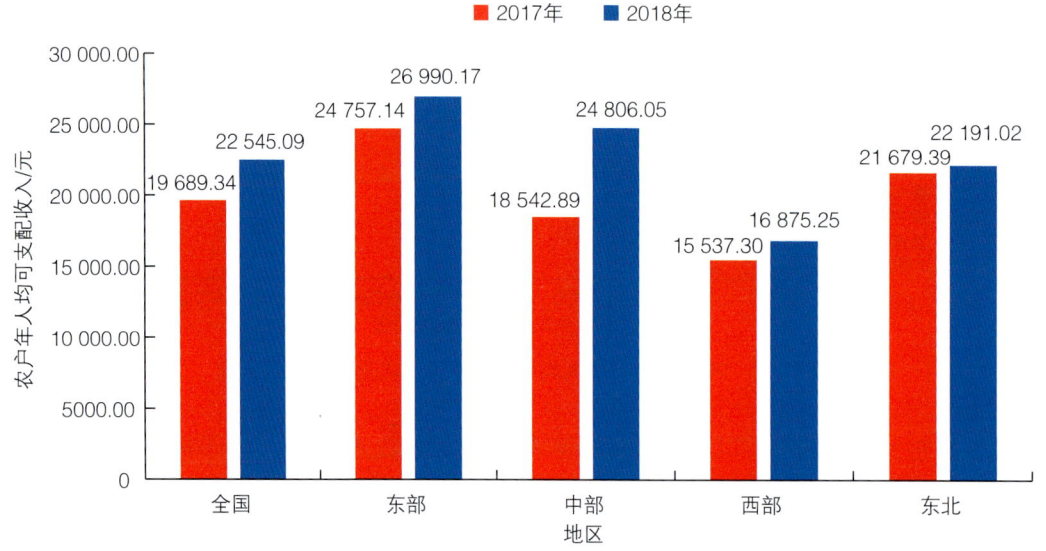

图6-13 园区农户年人均可支配收入对比

五、小结

创新综合绩效体现了国家农业科技园区创新能力的经济效益与社会效益。本章结合园区从净利润与技术收入、三产融合发展、高新产业与休闲农业发展、园区农户年人均可支配收入等指标对153个园区的创新综合绩效指数进行了核算，得出以下结论。

①园区净利润和平均技术性收入较2017年略有下降。净利润和技术性收入有待进一步提升。

②从产业融合发展程度来看，园区平均三产融合度达26.91%，与2017年基本持平，园区总产值产出较为稳定。

③从产业结构来看，园区高新技术企业发展稳定，2018年园区当年高新技术企业产值比重与2017年基本持平；2018年园区休闲农业比重较2017年略有下降。

④园区农户年人均可支配收入明显高于全国农村居民的收入水平，收入实现了较大幅增长，园区带动增收效果显著，产业化经营不断深化。

2018年与2017年园区创新综合绩效各指标的对比与变化如雷达图6-14所示。

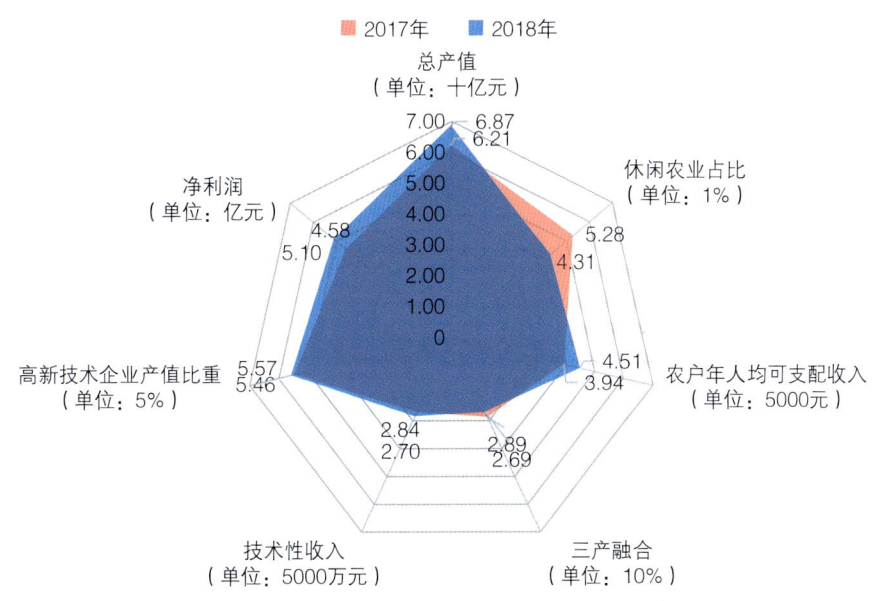

图6-14　2017年与2018年园区创新综合绩效情况对比

国家农业科技园区创新能力评价报告2019

附 录

一、国家农业科技园区创新能力评价指标体系

从创新主体的角度,国家农业科技园区的创新能力既涉及区域创新能力,也涉及企业创新能力;从创新链条的角度,国家农业科技园区的创新能力既包括产业链创新,也包括价值链创新。其中,区域创新能力评价基本可以从知识创造、知识流动、企业创新、创新环境、创新绩效5个方面着手。企业创新能力可以根据国家统计局发布的《中国企业自主创新能力分析报告》,从潜在技术创新资源指标、技术创新活动评价指标、技术创新产出能力指标和技术创新环境指标4个方面入手。产业链创新水平评价可以从影响产业链创新的农业基础、市场、生产要素、企业及政策等因素入手。价值链创新评价可以从创新来源、原创构想、技术设计、实验原型、技术孵化、技术商品、标准产品、市场开发8类功能节点入手,并重点考虑科研机构、中介机构、推广机构等科技价值链系统中的关键成员及金融机构的参与。

在综合学界研究成果和调研园区实际状况的基础上,经过多轮调研、访谈,本报告从创新资源投入、创新驱动支撑、创新成果产出、创新示范推广和创新综合绩效5个方面形成了针对国家农业科技园区创新能力的评价指标体系(附表1),并采用等权重方法确定了指标权重。

附表1　国家农业科技园区创新能力评价指标体系

一级指标		二级指标	备注
创新资源投入	1.1	园区内企业R&D经费投入强度	
	1.2	园区内企业研发人员数量	园区内R&D人员数
			园区内R&D人员中高级职称占比
			园区内R&D人员占比
	1.3	园区当年地方政府投入	
	1.4	园区当年建设总投入	
	1.5	园区内核心区已建成面积	
	1.6	园区入驻企业总数	
	1.7	园区当年信息化投入总额	
	1.8	园区内大型仪器设备原值总额	
创新驱动支撑	2.1	园区内科技企业孵化数	
	2.2	园区内各类研发机构数	省部级和国家级的研发机构数
	2.3	园区内各类创新创业服务机构数	
	2.4	园区开展产学研合作项目数	
	2.5	园区当年金融机构贷款总额	
	2.6	园区内个人科技特派员数	
创新成果产出	3.1	园区当年授权的发明专利数	
	3.2	园区当年通过审定的新品种数	
	3.3	园区拥有的"三品一标"数	
	3.4	园区在孵企业数	
	3.5	园区高新技术企业数	
创新示范推广	4.1	园区当年引进新品种、新技术和新设施数	
	4.2	园区当年推广新品种、新技术和新设施数	
	4.3	园区当年技术培训总人次	
	4.4	园区核心区示范基地数	

续表

一级指标	二级指标		备注
创新综合绩效	5.1	园区年度净利润	
	5.2	园区年度技术性收入	
	5.3	园区内高新技术企业年度总产值	
	5.4	园区一二三产业融合	
	5.5	园区当年高新技术企业产值比重	
	5.6	园区当年休闲农业经营收入占比	
	5.7	园区内农户年人均可支配收入	

二、国家农业科技园区创新能力评价数据来源

本报告采用的评价数据主要来源于国家农业科技园区创新能力监测取得的数据。而相关监测数据来源为园区管委会及园区内填报数据的企事业单位，园区管委会对各项填报数据负责。此外，所获取的数据还将通过地方科技部门把关、实地考察调研、随机数据抽查等方式加以验证。

三、国家农业科技园区创新能力评价参评园区名单

参加创新能力评价的国家农业科技园区名单，如附表2所示。

附表2 参加创新能力评价的国家农业科技园区名单

编号	简称	全称
1	昌平	北京昌平国家农业科技园区
2	顺义	北京顺义国家农业科技园区
3	通州	北京通州国际种业科技园区
4	延庆	北京延庆国家农业科技园区
5	津南	天津津南国家农业科技园区
6	滨海	天津滨海国家农业科技园区
7	三河	河北三河国家农业科技园区
8	唐山	河北唐山国家农业科技园区
9	邯郸	河北邯郸国家农业科技园区

续表

编号	简称	全称
10	藁城	河北石家庄藁城国家农业科技园区
11	定州	河北定州国家农业科技园区
12	沧州	河北沧州国家农业科技园区
13	晋中	山西晋中国家农业科技园区
14	运城	山西运城国家农业科技园区
15	吕梁	山西吕梁国家农业科技园区
16	赤峰	内蒙古赤峰国家农业科技园区
17	和林格尔	内蒙古和林格尔国家农业科技园区
18	乌兰察布	内蒙古乌兰察布国家农业科技园区
19	锡林郭勒	内蒙古锡林郭勒国家农业科技园区
20	阜新	辽宁阜新国家农业科技园区
21	辉山	辽宁辉山国家农业科技园区
22	海城	辽宁海城国家农业科技园区
23	铁岭	辽宁铁岭国家农业科技园区
24	公主岭	吉林公主岭国家农业科技园区
25	松原	吉林松原国家农业科技园区
26	通化	吉林通化国家农业科技园区
27	延边	吉林延边国家农业科技园区
28	建三江	黑龙江建三江国家农业科技园区
29	大庆	黑龙江大庆国家农业科技园区
30	黑河	黑龙江黑河国家农业科技园区
31	浦东	上海浦东国家农业科技园区
32	常熟	江苏常熟国家农业科技园区
33	白马	江苏南京白马国家农业科技园区
34	淮安	江苏淮安国家农业科技园区
35	盐城	江苏盐城国家农业科技园区
36	徐州	江苏徐州国家农业科技园区
37	泰州	江苏泰州国家农业科技园区
38	南通	江苏南通国家农业科技园区
39	无锡	江苏无锡国家农业科技园区

续表

编号	简称	全称
40	连云港	江苏连云港国家农业科技园区
41	嘉兴	浙江嘉兴国家农业科技园区
42	萧山	浙江杭州萧山国家农业科技园区
43	金华	浙江金华国家农业科技园区
44	湖州	浙江湖州国家农业科技园区
45	宿州	安徽宿州国家农业科技园区
46	芜湖	安徽芜湖国家农业科技园区
47	合肥	安徽合肥国家农业科技园区
48	铜陵	安徽铜陵国家农业科技园区
49	安庆	安徽安庆国家农业科技园区
50	蚌埠	安徽蚌埠国家农业科技园区
51	阜阳	安徽阜阳国家农业科技园区
52	马鞍山	安徽马鞍山国家农业科技园区
53	滁州	安徽滁州国家农业科技园区
54	池州	安徽池州国家农业科技园区
55	淮北	安徽淮北国家农业科技园区
56	漳州	福建漳州国家农业科技园区
57	宁德	福建宁德国家农业科技园区
58	泉州	福建泉州国家农业科技园区
59	南昌	江西南昌国家农业科技园区
60	井冈山	江西井冈山国家农业科技园区
61	新余	江西新余国家农业科技园区
62	上饶	江西上饶国家农业科技园区
63	丰城	江西丰城国家农业科技园区
64	萍乡	江西萍乡国家农业科技园区
65	赣州	江西赣州国家农业科技园区
66	寿光	山东寿光国家农业科技园区
67	滨州	山东滨州国家农业科技园区
68	烟台	山东烟台国家农业科技园区
69	济宁	山东济宁国家农业科技园区
70	泰安	山东泰安国家农业科技园区

续表

编号	简称	全称
71	临沂	山东临沂国家农业科技园区
72	德州	山东德州国家农业科技园区
73	许昌	河南许昌国家农业科技园区
74	南阳	河南南阳国家农业科技园区
75	鹤壁	河南鹤壁国家农业科技园区
76	濮阳	河南濮阳国家农业科技园区
77	郑州	河南郑州国家农业科技园区
78	新乡	河南新乡国家农业科技园区
79	兰考	河南兰考国家农业科技园区
80	武汉	湖北武汉国家农业科技园区
81	仙桃	湖北仙桃国家农业科技园区
82	荆州	湖北荆州国家农业科技园区
83	潜江	湖北潜江国家农业科技园区
84	荆门	湖北荆门国家农业科技园区
85	十堰	湖北十堰国家农业科技园区
86	望城	湖南望城国家农业科技园区
87	永州	湖南永州国家农业科技园区
88	衡阳	湖南衡阳国家农业科技园区
89	岳阳	湖南岳阳国家农业科技园区
90	湘潭	湖南湘潭国家农业科技园区
91	湘西	湖南湘西国家农业科技园区
92	怀化	湖南怀化国家农业科技园区
93	常德	湖南常德国家农业科技园区
94	广州	广东广州国家农业科技园区
95	湛江	广东湛江国家农业科技园区
96	珠海	广东珠海国家农业科技园区
97	河源	广东河源国家农业科技园区
98	百色	广西百色国家农业科技园区
99	儋州	海南儋州国家农业科技园区
100	忠县	重庆忠县国家农业科技园区
101	璧山	重庆璧山国家农业科技园区

续表

编号	简称	全称
102	丰都	重庆丰都国家农业科技园区
103	潼南	重庆潼南国家农业科技园区
104	乐山	四川乐山国家农业科技园区
105	广安	四川广安国家农业科技园区
106	雅安	四川雅安国家农业科技园区
107	宜宾	四川宜宾国家农业科技园区
108	内江	四川内江国家农业科技园区
109	南充	四川南充国家农业科技园区
110	贵阳	贵州贵阳国家农业科技园区
111	湄潭	贵州湄潭国家农业科技园区
112	毕节	贵州毕节国家农业科技园区
113	黔西南	贵州黔西南国家农业科技园区
114	安顺	贵州安顺国家农业科技园区
115	黔南	贵州黔南国家农业科技园区
116	黔东南	贵州黔东南国家农业科技园区
117	红河	云南红河国家农业科技园区
118	石林	云南昆明石林国家农业科技园区
119	玉溪	云南玉溪国家农业科技园区
120	滇中	云南滇中国家农业科技园区
121	日喀则	西藏日喀则国家农业科技园区
122	渭南	陕西渭南国家农业科技园区
123	汉中	陕西汉中国家农业科技园区
124	咸阳	陕西咸阳国家农业科技园区
125	宝鸡	陕西宝鸡国家农业科技园区
126	定西	甘肃定西国家农业科技园区
127	天水	甘肃天水国家农业科技园区
128	武威	甘肃武威国家农业科技园区
129	酒泉	甘肃酒泉国家农业科技园区
130	张掖	甘肃张掖国家农业科技园区
131	西宁	青海西宁国家农业科技园区
132	海东	青海海东国家农业科技园区

续表

编号	简称	全称
133	吴忠	宁夏吴忠国家农业科技园区
134	固原	宁夏固原国家农业科技园区
135	石嘴山	宁夏石嘴山国家农业科技园区
136	昌吉	新疆昌吉国家农业科技园区
137	伊犁	新疆伊犁国家农业科技园区
138	乌鲁木齐	新疆乌鲁木齐国家农业科技园区
139	哈密	新疆哈密国家农业科技园区
140	和田	新疆和田国家农业科技园区
141	塔城	新疆塔城国家农业科技园区
142	克拉玛依	新疆克拉玛依国家农业科技园区
143	慈溪	宁波慈溪国家农业科技园区
144	象山	宁波象山国家农业科技园区
145	同安	厦门同安国家农业科技园区
146	深圳	深圳国家农业科技园区
147	石河子	新疆兵团石河子国家农业科技园区
148	阿拉尔	新疆兵团阿拉尔国家农业科技园区
149	五家渠	新疆兵团五家渠国家农业科技园区
150	五一农场	新疆五一农场国家农业科技园区
151	即墨	青岛即墨国家农业科技园区
152	金州	大连金州国家农业科技园区
153	旅顺	大连旅顺国家农业科技园区

四、国家农业科技园区创新能力评价测算过程

1.国家科技农业园区创新能力指数测算

采用对数标准化的方法对国家农业科技园区的创新能力评价指标数据进行标准化处理，具体公式如下：

$$I_{标} = \frac{\ln x - \ln x_{\min}}{\ln x_{\max} - \ln x_{\min}}。$$

利用标准化处理后的数据计算园区的创新能力指数，具体公式如下：

$$I_{分} = \sum_{1}^{n} \omega_j \times I_{标},$$

$$I_{总} = \sum_{1}^{n} I_{分},$$

式中，$I_{总}$为园区创新能力的总指数，$I_{分}$为创新资源投入、创新驱动支撑、创新成果产出、创新示范推广和创新综合绩效5个分项指标得分，ω_j为分项指标下的二级指标权重，2018年的评价报告采用了层次分析法确定各指标权重（附表3）。

附表3 创新能力指数各指标权重

一级指标	二级指标	一级指标内权重	二级指标总权重
创新资源投入	园区内企业R&D经费投入强度	0.2310	0.0557
	园区内企业研发人员数量	0.2310	0.0557
	园区当年建设总投入	0.1925	0.0464
	园区内核心区已建成面积	0.1600	0.0386
	园区入驻企业总数	0.1922	0.0463
创新驱动支撑	园区内科技企业孵化数	0.2668	0.0424
	园区内各类研发机构数（省部级以上）	0.3330	0.0529
	园区内各类创新服务机构数	0.4001	0.0635
创新成果产出	园区当年授权的发明专利数	0.3632	0.0730
	园区当年通过审定的新品种数	0.2724	0.0547
	园区高新技术企业数	0.3629	0.0729
创新示范推广	园区当年引进新品种、新技术和新设施数	0.3188	0.0506
	园区当年推广新品种、新技术和新设施数	0.4251	0.0675
	园区当年技术培训总人次	0.2550	0.0405
创新综合绩效	园区年度技术性收入	0.2339	0.0564
	园区年度总产值	0.4211	0.1015
	园区内农户年人均可支配收入	0.3461	0.0835

2.国家农业科技园区创新能力相对指数的测算

2018年国家农业科技园区创新能力相对指数的测算以2017年作为基期，设定2017年国家农业科技园区创新能力指数为100，具体计算过程如下。

2018年创新能力相对指数的单项指标得分通过2018年与2017年同一指标相除得到，公式如下：

$$I_{2018\text{单项}} = \frac{2018\text{年单项指标数据}}{2017\text{年单项指标数据}}。$$

在此基础上，利用指标权重（等权重）与单项指标得分相乘求和可以得到2018年国家农业科技园区创新能力相对指数，公式如下：

$$I_{2018\text{相对}} = \sum_{1}^{n} \omega_i \times I_{2018\text{单项}} \times 100。$$

创新能力相对指数的测算能够直观清晰地反映出国家农业科技园区整体创新能力的发展情况。

3.国家农业科技园区创新能力的总体差异分析

利用二阶段的泰尔系数对国家农业科技园区总体创新能力的总体状况和分项指标进行差异分析。二阶段泰尔系数的基本公式如下所示：

$$T_{second} = \sum_i \sum_j \sum_k \left(\frac{tef_{ijk}}{tef}\right) \ln\left(\frac{tef}{tec}\right)$$

$$= \sum_i \sum_j \left(\frac{tef_{ij}}{tef_i}\right) \sum_k \left(\frac{tef_{ijk}}{tef_{ij}}\right) \ln\left(\frac{tef_{ijk}/tef_{ij}}{tec_{ijk}/tec_{ij}}\right) +$$

$$\sum_i \left(\frac{tef_i}{tef}\right) \sum_j \left(\frac{tef_{ij}}{tef_i}\right) \ln\left(\frac{tef_{ij}/tef_i}{tec_{ij}/tec_i}\right) + \sum_i \left(\frac{tef_i}{tef}\right) \ln\left(\frac{tef_i/tef}{tec_i/tec}\right),$$

其中，tef_i是第i区域内园区创新能力水平，tec_i为第i区域内园区核心区面积；tef_{ij}为第i区域内第j省园区创新能力水平，tec_{ij}为第i区域内第j省园区核心区面积，n为第i区域内省份总数。

4.国家农业科技园区的创新效率评价测算

利用数据包络分析即DEA的方法对国家农业科技园区的创新效率评价进行测算。数据包络分析是一个线形规划模型,表示为产出对投入的比率。通过对一个决策单元的效率和一组提供相同业务的决策单位的绩效进行比较,测算各决策单元的相对运行效率。在这个过程中,获得100%效率的一些单位被称为相对有效率单位,而另外效率评分低于100%的单位称为无效率单位。并通过对无效率和有效率单位的比较,发现降低无效率的方法,从而改善无效率单位的资源使用水平。通过对国家农业科技园区创新效率的测算,能够发现创新技术效率低下的园区,并可以通过与高效率园区的对比分析为国家农业科技园区的创新效率提升提供理论参考。

(1)国家农业科技园区的创新效率测算

利用数据包络分析的BCC模型测算国家农业科技园区创新的技术有效性即技术效率,具体公式如下:

$$\begin{cases} \max \mu Y_{j_0} = V_p \\ st. \omega^T X_j - \mu Y_j \geq 0 \ (j=1,2\cdots,r) \\ \omega^T X_0 = 1 \\ \omega \geq 0, \mu \geq 0 \end{cases},$$

式中,V_p代表各园区的创新技术效率,ω^T为投入变量的权重,μ为产出变量的权重,X_j为各园区的创新投入变量,包括园区的研发投入、科技人员投入、研发中心数量等,Y_j为园区的创出产出变量,包括园区当年授权专利数、审定的新品种数、引进和推广的新技术和新设施等。

(2)国家农业科技园区创新效率的对比分析

在测算各园区创新技术效率的基础上,求出东、中、西、东北部区域的园区创新技术效率的平均值,公式如下:

$$\overline{V}_i = \frac{\sum_{p=1}^{n} V_p}{n}, \quad i=1,2,3。$$

并且分别找出东、中、西、东北部区域中创新技术效率为1即具有效率的园区进行对比分析。

致　谢

　　本次国家农业科技园区创新能力评价是在科技部创新发展司、农村科技司的大力支持下开展的。在数据采集、评价指标和评价方法的制定过程中得到了有关专家和地方科技主管部门、各国家农业科技园区的帮助，在此一并表示感谢。